JAHN J KASSL

DU BIST BEHÜTET

EDITION
MEISTER
DIALOGE

DU BIST BEHÜTET

GESPRÄCHE **JAHN J KASSL** MIT

MEISTER ST. GERMAIN
PARAMAHANSA YOGANANDA
ATMAR
JOHANNES DER TÄUFER
SAI BABA
BABAJI
JESUS CHRISTUS
MAHA CHOAN
SANANDA
DIE AUFGESTIEGENEN MEISTER

APRIL 2019 – SEPTEMBER 2019

INHALT

Vorwort des Autors 13

5G oder 5D? – MEISTER ST. GERMAIN 19
11 Schutzmaßnahmen gegen 5G 22

Von Heiligen und Menschen – PARAMAHANSA YOGANANDA 29
Körper und Verstand sind unwichtig 31
Wenn jemand schlecht über dich spricht... 33

Karma ist ein Konzept – ATMAR 37
Du hast niemals versagt! 39
Deine Gedanken erschaffen die Matrix 40
Universalschlüssel der Vergebung und Selbstliebe 42
Müdigkeit, Sättigung oder Langeweile 44
Sprenge die Ketten des Verstandes 46

Warum energetischer Schutz so wichtig ist! – MEISTER ST. GERMAIN 49
Braucht die Liebe Schutz? 51
Angst vor Fallschirmsprung und Regen 52
Was die Liebe braucht 53
Energetischer Schutz ist Basis für die Liebe 55

Mitgefühl und Liebe für die Feinde – JOHANNES DER TÄUFER 59
Mitgefühl für die ganze Welt 61
Mitgefühl für unsere Feinde 62
Der Nächste ist dein Spiegel 64

Das Aufgeben von Wünschen und Begierden – SAI BABA 69
Grundbedingungen für geistigen Fortschritt 71
Aufgabe von Begierden 72
Das leere Gefäß 73
Vor der eigenen Türe kehren! 76

Der Wert des Clans und die Bedeutung von Tieren – BABAJI 81
Erwachen auf allen Ebenen 83
Das hinderliche Ego 85
Kodex ab 12 Clan-Mitgliedern 87
Tiere sind für uns Menschen da! 89

Der einzige Weg zum Weltfrieden - JESUS CHRISTUS 93
Die Antwort auf den Hass 95
Glaubt an die Stärke der Menschen 98

Inner- und außerirdische Interventionen auf der Erde - BABAJI 101
Trump und Putin sind im Bilde 103
Menschheit wird „freigespielt“ 105
Zeigt euer Gesicht! 107

Das gesunde Ego - BABAJI 111
Wer das Ego tötet... 113
Das falsche vom gesunden Ego unterscheiden 114
Muss das „falsche Ego“ zerstört werden? 115
Die Ichbezogenheit 117

Sind alle Reptiloiden schlecht? - MEISTER ST. GERMAIN 121
David Icke 123
Sind alle Menschen schlecht? 124
Das morphogenetische Feld 126

Es wird keinen 3. Weltkrieg geben! - MEISTER ST. GERMAIN 131
Russland und Iran sind Schlüsselstaaten 133
Wladimir Putin 134
Die Zukunft gestaltet ihr täglich selbst! 137
Wahre Selbstermächtigung 138

Lieben heißt, eine Entscheidung zu treffen - MAHA CHOAN 141
Warum suchst du, was dich umgibt? 143
Die Gnade deiner Geburt 144
Die Später-Meditation 146
Blick des Adlers 147
Die Jetzt-Meditation 148
Am Ende des Tages in Liebe schwingen 149
Meisterschaft heißt, zu lieben 151

Donald Trump, Xi Jinping, Wladimir Putin - SANANDA 155
Amerika mit Donald Trump 157
China mit Xi Jinping 160
Russland mit Wladimir Putin 162
Deutschland in der Bewusstlosigkeit 162

„Druck der Quelle" – MAHA CHOAN 167
„Druck der Quelle" 170
Eine klare Entscheidung treffen 171

Machtwechsel auf Erden – DIE AUFGESTIEGENEN MEISTER 175
Seid tapfer und fürchtet euch nicht! 177

Die Macht der Nacht – MEISTER ST. GERMAIN 181
Tagaktiv oder Nachtmensch? Was macht den Unterschied? 183
Umdeutung von Begriffen 184
Neuausrichtung durch Schwingungsfelder 186
Regieren uns Bioroboter? 188
Putin beginnt um 11 Uhr mit der Arbeit 188
Für das Göttliche brennen 190

Wo bleiben Geld, Gesundheit und Fülle? – MAHA CHOAN 193
Du manifestierst und nichts manifestiert sich! 195
Der Seelenplan ist die Basis 195
Karma wird aufgelöst und Fülle erschaffen 197
Die Straße zur Erleuchtung muss frei sein 199

Tiere, Pflanzen und Dämonen – MAHA CHOAN 203
Warum sich Dunkles so lange halten kann! 205
Wann entfalten Symbole die größte Macht 207
Belastungen Tieren und Pflanzen übergeben 208
Der Schmied seines Glückes sein 210

Erfahrung meiner Unsterblichkeit – SANANDA 213
Die Tribute von Panem 215
Steht für eure Überzeugungen ein! 217

Du bist behütet auf allen Wegen – JESUS CHRISTUS 221
Du bist behütet 224
Fremde Mäntel und keine Eintrittskarten 225

Blicke nicht zurück! – MEISTER ST. GERMAIN 229

Literatur- und Quellenverzeichnis 233

Publikationen JAHN J KASSL 237

Die Herkulesaufgabe des Wandels und des Aufstiegs bewältigen wir gemeinsam! Niemand ist alleine, wenn er erwacht. Niemand ist alleine, wenn sich Himmel und Erde vereinen – und niemand ist alleine, wenn unsere Welt in die göttliche Ordnung zurückkehrt.

Wir sind behütet!

JAHN J KASSL

VORWORT DES AUTORS

Kommt Ihnen die Welt auch immer durchgedrehter vor – was Menschen einander antun, was sich die Lenker von Staaten für Bösartigkeiten ausdenken und wie leicht die Täuschungen funktionieren? 5G ist in aller Munde und soll unser Leben „erleichtern“. So zumindest die Propaganda – in Wirklichkeit ist diese Technologie ein militärisch erprobtes Kontroll- und Mordinstrument, das Bäume, Tiere und Menschen umbringen soll.

Gibt es einen Schutz? Ja, und in diesem Buch wird dies gleich im ersten Kapitel eingehend thematisiert.

Auch die weiteren Gespräche zielen darauf ab, wie wir uns schützen können und wodurch wir geschützt sind. Die Dimension an Zumutungen nimmt täglich zu und nur wer jetzt bei sich selbst bleibt und im tiefen Gottvertrauen verankert ist, kann diese Zeit unbeschadet überstehen.

Dieser 7. Band der Meisterdialoge geht den aktuellen gesellschaftspolitischen Ereignissen auf den Grund und beleuchtet die spirituelle Dimension dahinter. Der Themenbogen ist weit gespannt und spannend sind auch die Antworten, die wir von den großen Meistern des Lebens, PARAMAHANSA YOGANANDA, SAI BABA, BABAJI, SANANDA, MEISTER ST. GERMAIN, MAHA CHOAN und JESUS CHRISTUS erhalten. Die Themen im Einzelnen sind:

- Die Bedeutung der Feindesliebe
- Gibt es ein gesundes Ego?
- Der einzige Weg zum Weltfrieden
- Wird es einen 3. Weltkrieg geben? Ich nehme es vorweg: Nein. Es wird nichts dergleichen geben.
- Welche Rolle spielen Amerikas Donald Trump, Chinas Xi Jinping und Russlands Wladimir Putin im großen Plan?
- Sind alle Reptiloiden schlecht und hat David Icke recht?
- Werden Außerirdische oder Innerirdische auf der Oberen Erde intervenieren oder tun sie dies bereits?
- Was hat es mit dem Clan auf sich und welche Bedeutung kommt den Tieren zu?
- Wie erreichen wir Fülle und ausreichend Geld?
- Welche Art von „Druck" übt die Quelle jetzt aus und was hat das mit unserer Transformation zu tun?
- Ein Kapitel handelt von der „Macht der Nacht" und ich selbst durfte am Ende des Buches meine eigene Unsterblichkeit erleben.

Über all dem steht jedoch die Frage: Worum geht es derzeit wirklich und warum spitzt sich die Lage auf fast allen gesellschaftspolitischen Ebenen drastisch zu?

Die ganze Welt scheint aus dem Lot geraten zu sein! Das Finanzsystem steht vor dem Kollaps, die Umweltproblematik wird ignoriert, dafür aber eine Klimareligion etabliert. Derweilen stirbt immer noch alle 5 Sekunden ein Kind unter 15 Jahren den qualvollen Hungertod. Dieses System ist am Ende und das wissen die, die es erfunden haben, die es vertreten. Was also findet derzeit wirklich statt? Dieses Buch gibt die Antwort. Es ist der „Machtwechsel auf Erden".

Wir sind an einer Wegmarkierung angelangt, an der es kein Zurückgehen mehr gibt. Dieser Machtkampf muss jetzt ausgetragen werden. Dies ist der Grund, warum die Übergriffe der verzweifelten Machteliten immer brutaler werden.

Während fast täglich neue Methoden ersonnen werden, um uns Menschen zu knechten, zu kontrollieren und gegenseitig auszuspielen (Stichwort: Migrationskrise), regt sich immer mehr Widerstand - manchmal still und leise, dann wieder laut und unüberhörbar. Eine Gegenöffentlichkeit hat sich etabliert und erhält enormen Zulauf. Menschen stehen auf und lassen sich nicht mehr alles gefallen.

Doch mitten in den Stürmen der Zeit stellt sich für den Einzelnen oft die Frage: Was geschieht mit mir, wenn es ernst wird?

Genieße ich einen Schutz und – wenn ja – welchen? Diese Frage und die Antworten darauf ziehen sich wie ein roter Faden durch das ganze Buch. Jede Antwort trägt den Keim göttlicher Liebe und des göttlichen Schutzes in sich.

„Du bist behütet" ist nicht nur ein feinsinniger Titel, sondern ist das Programm der geistigen Welt für jene Menschen, die sich ganz unter IHREN Schutz stellen und die gleichzeitig mutig ihre Aufträge leben wollen.

Denn abberufen werden wir alleine durch Gott. Haben wir diese Tatsache verinnerlicht, dann endet jede Furcht. Vertrauen in Alles-was-Ist wächst und wir können verstehen, was uns SANANDA im letzten Kapitel dieses Mut machenden Buches auf den Weg ins Leben mitgibt:

- „Du bist behütet auf all deinen Wegen, sobald du dich unter den Schutz Gottes begibst.
- Du bist behütet auf all deinen Wegen, sobald du dein und kein fremdes Leben lebst.
- Du bist behütet auf all deinen Wegen, sobald du gibst, was du hast, und liebst, soweit du kannst.
- Du bist behütet auf all deinen Wegen, sobald du das Licht Gottes in dein Herz gelassen hast, auf dass es sich ausbreite und dich ganz erfülle.

- Du bist behütet auf all deinen Wegen, sobald du faule Kompromisse meidest und die Wahrheit in allen Begebenheiten und Menschen suchst.
- Du bist behütet auf all deinen Wegen, sobald du achtsam mit dir selbst und den Mitmenschen umgehst.

Dann bist du behütet auf all deinen Wegen, denn dann entsendet Gott seine Engel zu dir."

Seien wir uns gewiss: Die Herkulesaufgabe des Wandels und des Aufstiegs bewältigen wir gemeinsam! Niemand ist alleine, wenn er erwacht. Niemand ist alleine, wenn sich Himmel und Erde vereinen – und niemand ist alleine, wenn unsere Welt in die göttliche Ordnung zurückkehrt.

Wir sind behütet!

In Dankbarkeit und Liebe

JAHN J KASSL

JJK:

Warum erkennen unsere Politiker
nicht von selbst diese große
Gefahr, die von 5G ausgeht?
Österreichs Bundesregierung
spielt ja sogar den Vorreiter!

MEISTER ST. GERMAIN:

Da sie keine Möglichkeit haben,
dies in Ruhe zu prüfen,
und da sie Teil dieses Systems
sind – dies bedeutet, nicht mehr
in der Lage zu sein, selbstständig
und klar zu denken.

5G ODER 5D?

GESPRÄCH MIT

MEISTER ST. GERMAIN

11 SCHUTZMASSNAHMEN GEGEN 5G

13. APRIL 2019

5G beschäftigt mich extrem!
Es scheint, dass damit ein Schlussstein der Neuen Weltordnung gesetzt wird. Denn dann sind wir alle „smart“ und „gläsern“. Was mich jedoch besonders beschäftigt, sind Mikrowellen, die Menschen, Tiere und Pflanzen vernichten werden. In Australien gibt es einen ganzen Naturpark mit Berg, der als 5G-Testzone diente und der jetzt eine Wüste ist. Auch 100 Rinder, an denen man 5G testete, sind verendet.[1]

Was macht das mit unseren Insekten oder den Vögeln? Es werden bereits Mini-Drohnen entwickelt, die das Bestäuben von Blumen übernehmen sollen. In China machen das seit Jahren Menschen! Was geschieht mit den Bäumen und Wäldern? Wie krank werden wir Menschen?

Mit der Aussage „5G oder 5D“ brachte es mein Bruder Karl vorgestern auf den Punkt. Beginnt sich jetzt der letzte Teil der Offenbarung des Johannes („Keiner wird mehr kaufen oder verkaufen können, es sei denn, er hat das Malzeichen – RFID-Chip“) zu erfüllen?

MEISTER ST. GERMAIN: Dies ist ein Pfad, der bis zu einem bestimmten Punkt zugelassen wird. Die letzte Wegmarke besteht darin, dass sich ein jeder Mensch für das Malzeichen oder dagegen entscheiden kann.

JJK: Aber bis dahin werden ja die meisten Menschen schon von 5G manipuliert sein und zu keiner klaren und festen Entscheidung mehr fähig sein. Es ist ja heute schon so, dass immer mehr Menschen wie ferngesteuert durch die Straßen laufen.

MEISTER ST. GERMAIN: Jeder Mensch erhält Gelegenheiten zum Aufwachen. Der Seelenplan bestimmt, wohin die Reise geht. Jeder Mensch, der sich bewusst mit diesem Thema auseinandersetzt, wird gezielt Maßnahmen ergreifen, um vor diesem Energiefeld unversehrt zu bleiben.

Die Reihenfolge der Schutzmaßnahmen ist wie folgt:

11 SCHUTZMASSNAHMEN GEGEN 5G

1) Bewusstheit

Das Wissen, worum es sich dabei handelt – das Wissen, dass durch die Erhöhung der Eigenschwingung das nieder schwingende 5G-Energiefeld keinen Einfluss ausüben kann.

2) Konstant hohe Eigenschwingung

Das wird durch tägliche Meditation und Transformationsarbeit erreicht.

3) Bitte an Gott

Bitte die Urquelle allein Seins oder Erzengel Metatron darum, alle schädlichen Frequenzen, die von 5G ausgehen, zu zerstören.

4) Ernährung

Wenig bis gar keine industriell gefertigten Nahrungsmittel oder Flüssigkeiten zu sich zu nehmen! Greife zu frischem Obst, Gemüse und Kräutern. Koche selbst!

5) Regelmäßige körperliche Entgiftung

So, wie du deinen Geist in der Meditation „entgiftest", so entgiftest du durch regelmäßige „Kuren" deinen physischen Körper. Besorge dir, wie Jahn es tat, eines der Bücher des spirituellen Kanals der geistigen Lichtwelten, Anthony William. Du wirst alles darin finden, was dich 5G-resistent macht. Greife auch auf andere Möglichkeiten, die sich für dich gut anfühlen und die du gerne ausprobieren möchtest, zu. Experimentiere so lange, bis du das Optimale für dich gefunden hast.

6) Trage Schutzsymbole, Schutzamulette und Schutzsteine!

Auch hier gibt es für jeden Menschen Hilfestellungen. Sei dir jedoch bewusst: Ein wirksamer Schutz geht immer mit dem Bewusstsein einher. Wer beispielsweise seine Gewohnheiten in der Ernährung nicht ändern möchte und weiter das Fleisch von Tieren zu sich nimmt, bei dem bleibt die Basisschwingung niedrig und so kann sich auch kein wirksamer Schutz aufbauen. Die Schutzsymbole korrespondieren mit dem Bewusstsein des Trägers.

7) Gehe in den Wald!

Suche die Nähe der Natur, von Wiesen, Blumen und Bäumen. Wenn du in der Stadt wohnst, dann erwäge einen Umzug. Verlagere deinen Lebensmittelpunkt auf das Land, denn die Städte liegen zuerst im Fokus. Auch wenn du nicht weißt, wie du das finanzieren kannst – es wird dir ein Weg eröffnet, wenn du wirklich dafür bereit bist. Unmöglich gibt es nicht!

8) Praktiziere Yoga

oder andere körperliche Übungen, die deinen Energiefluss harmonisieren.

9) Verfasse Petitionen an die Politiker und an die Verantwortlichen!

Schreibe Briefe an die Zeitungen, beteilige dich an Demonstrationen zu diesem Thema. Zeige dein Gesicht. Rede in deinem Bekanntenkreis darüber. Mit all diesen Maßnahmen erzeugst du ein Energiefeld von Bewusstheit. Dadurch kann sich das Wissen, was 5G wirklich bedeutet, leichter verbreiten.

10) Fürchte dich nicht vor dem Tod!

Du bist ewiges unvergängliches Bewusstsein – Geist

vom Geist, Licht vom Licht Gottes. Dein Körper ist dein „Gefährt“ für die Zeit auf Erden. Achte darauf, dass du deine Aufträge erfüllst, denn nur deshalb bist du hier.

11) Bleibe im Frieden und in der Liebe!
Was immer auch geschieht – bleibe frei von Hass, übe die Vergebung und bewahre den inneren Frieden.
Liebe hat die höchste Schwingung!
Komme dieser so nahe wie möglich, vor allem dann, wenn rund um dich Ängste vorherrschen. Das ist eine Angelegenheit des Bewusstseins. Damit schließt sich der Kreis und wir sind zu Punkt 1 zurückgekehrt.

JJK: Wie lange wird es dauern, bis die ganze Welt voll von 5G-Sendeantennen ist?

MEISTER ST. GERMAIN: Es gibt bedeutende Gegenwehr. Es wird nicht so einfach – wie geplant – umzusetzen sein. Widerstand regt sich und wird sich noch regen. Wie dieser Vorgang schließlich ausgeht, obliegt der Menschheit. Ihr habt es in eurer Hand und ihr habt es mehr in eurer Hand, als ihr glaubt. Deshalb ist euch angeraten, zuerst eure eigenen Hausaufgaben zu machen und euch danach für das Wohl aller einzusetzen.

JJK: Soll ich eine Petition gegen 5G verfassen oder sogar eine Volksbefragung in Betracht ziehen?

MEISTER ST. GERMAIN: Warte ab, wie sich die Dinge entwickeln. Grundsätzlich ist es deine Aufgabe, den Menschen lichtvolle Botschaften zu überbringen, damit sie die Ereignisse auf dieser Welt aus der spirituellen Perspektive wahrnehmen können.

Ob und wann du in ein „politisches" Engagement eintreten sollst, wird dir deine geistige Führung unmissverständlich kundtun – auf eine Weise, sodass dies von deiner Familie und von allen im Lichtwelt-Team verstanden und begrüßt werden kann.

JJK: Warum erkennen unsere Politiker nicht von selbst diese große Gefahr, die von 5G ausgeht? Österreichs Bundesregierung spielt ja sogar den Vorreiter!

MEISTER ST. GERMAIN: Da sie keine Möglichkeit haben, dies in Ruhe zu prüfen – und da sie Teil dieses Systems sind, dies bedeutet, nicht mehr in der Lage zu sein, selbstständig und klar zu denken.

Wachsamkeit, ein inneres Gespür oder Klugheit auf der Basis von Beobachtung und eines gesunden Hausverstandes wurden ausgemerzt. Alle marschieren im Gleichschritt Richtung Abgrund.

JJK: Wer wird sie aufhalten, wer das stoppen?

MEISTER ST. GERMAIN: Es ist, wie es kommen muss – Menschen in großer Zahl werden sich unerwartet erheben und jene, die sich des Sieges gewiss sind, werden fallen.

5G oder 5D? Das haben alle Menschen, die ihr altes Leben behalten möchten, genauso entschieden wie jene, die sich der täglich steigenden Schwingung auf Erden anpassen und aus vollem Herzen hingeben.

In unendlicher Liebe

MEISTER ST. GERMAIN

Gott in allem – das ist die Wahrnehmung eines Heiligen, der in die Unendlichkeit eingetaucht ist.

PARAMAHANSA YOGANANDA

VON HEILIGEN UND MENSCHEN

GESPRÄCH MIT
PARAMAHANSA YOGANANDA

KÖRPER UND VERSTAND SIND UNWICHTIG
WENN JEMAND SCHLECHT ÜBER DICH SPRICHT ...

14. APRIL 2019

KÖRPER UND VERSTAND SIND UNWICHTIG

„Auf einer gewissen Stufe der Entwicklung ist der Körper fortwährend krank. Das ist ein Geheimnis, von dem die Leute für gewöhnlich nichts wissen. Sie meinen immer, je vollendeter jemand ist, desto gesünder müsste er auch sein. Das ist zu Beginn so, aber nicht in den späteren Stadien. Wir dürfen nicht vergessen, wir haben einen gewöhnlichen Körper, der dazu bestimmt ist, uns in dieser Welt zu dienen. Sind wir auf dem Pfad, können wir anfangs noch für Körper und Verstand Sorge tragen. Doch später werden Körper und Verstand als unwichtig zurückgelassen." (Bhai Sahib, Sufi Meister, Der Weg durchs Feuer, Irina Tweedie, S. 451)

JJK: Diese Aussage wurde in den 1960er Jahren gemacht. Gibt es aufgrund der Energie- und Schwingungsveränderungen auf dieser Erde heute einen Unterschied bei diesem Thema? Wird der Körper irgendeinmal „unwichtig" oder heilen wir mit dem Körper und schwingen wir uns heute mit dem Körper zu immer höheren Stufen auf?

PARAMAHANSA YOGANANDA: Meine Liebe ist mit dir, meine Liebe ist mit allen Menschen!
Der Unterschied von heute zu gestern besteht darin, dass ihr heute euren physischen Körper viel länger – manchmal sogar bis zum Ende einer Lebensspanne – wohlerhalten mittragen könnt.

Der regelmäßige Energiefluss von spirituellem Licht aus dem Sein ermöglicht euch eine lange Gesundheit und zugleich spirituelles Wachstum. Ab einem bestimmten Moment der Bewusstwerdung wird der Körper immer unbedeutender – ihr schenkt diesem dann keine Beachtung mehr, da euer ganzes Wesen, jede Faser eures Seins, auf Gott ausgerichtet ist.

Geliebte Menschen,

glaubt bitte nicht, dass, wenn ihr von körperlichen Symptomen geplagt werdet, ihr diese Stufe der Verwirklichung erreicht habt. Dies ist bei den meisten Menschen noch nicht der Fall.

Wer an körperlichen Phänomenen leidet, der ist eingeladen, diese zu heilen und die Zusammenhänge, die Ursachen dafür aufzuspüren. Erst wenn ihr vollständig gesund seid an Geist, Seele und Körper, beginnt der Pfad zurück zur Quelle – und nach und nach verliert der Körper die Bedeutung.

Heilige erkennst du daran, dass sie um ihren körperlichen Zustand wenig Aufheben machen. Sie wissen warum, sie kennen die Ursachen und sind beseelt nur von einem Gedanken, von einem Wunsch, von einer Sehnsucht – GOTT!

Bringt bitte nichts durcheinander und schließt niemals von einem verwirklichten Menschen auf euch selbst - es sei denn - ihr seid selbst verwirklicht.

JJK: Weiter im selben Buch las ich noch dies:
„Wenn Leute scharfe Bemerkungen Ihnen gegenüber machen, dann antworten Sie nicht sogleich. Gehen Sie später auf freundliche Weise darauf ein. Denken Sie immer an das Leid. Wenn jemand schlecht von Ihnen spricht, geben Sie ihm einen Ehrenplatz in Ihrem Garten und behandeln Sie ihn als Freund."
(Bhai Sahib, Sufi Meister, Der Weg durchs Feuer, Irina Tweedie, S. 451)

WENN JEMAND SCHLECHT ÜBER DICH SPRICHT...

PARAMAHANSA YOGANANDA: Alles ist eine Frage der Bewusstheit eines Menschen. Wer schlecht behandelt wird und dies auf sich selbst bezieht, da das Ego sein Recht einfordert, der ist nicht fähig, auf souveräne Weise auf Angriffe zu reagieren. Erst wenn ein Mensch eine Distanz zu seinem Ego erschaffen hat, wenn er es überblicken und kontrollieren kann, ist dies möglich.

Lebensnahe Weisheiten von wahren Meistern sind für die Menschen immer ein Auftrag, an sich selbst zu arbeiten, zu feilen und sich zu vervollkommnen.

Erprobt, was es bedeutet, bei Angriffen und bei Beleidigungen ruhig zu bleiben, sanft zu antworten, und dem, der euch seinen Zorn oder gar Hass entgegenschleudert, einen Ehrenplatz in eurem Garten zuzuweisen. Dafür bedarf es einer bestimmten Bewusstheit.

Heute neigen viele Sucher zu einer Fehleinschätzung, was die eigene Entwicklung betrifft. Viele meinen, sie wären längst über dies oder jenes erhaben, dabei ist meist alles nur reine Theorie. Viele meiden das Leben und haben keine Erfahrung mit sich selbst in kritischen Situationen.

Innerer Frieden wird nicht – indem du deine Dämonen besänftigst – erreicht, sondern indem du sie besiegst. Dies erfordert die Auseinandersetzung mit ihnen.

Sei daher im Umgang mit dir selbst wahrhaftig. Wo stehst du wirklich und was ist noch zu tun? Setzt du dich dem Leben aus – oder meidest du elementare Erfahrungen, die wahrhaftige Antworten von dir verlangen?

Heilige sind darüber erhaben. Sie haben sich selbst geschaut, erkannt und angenommen. Sie kennen die Schatten und das Licht, sie haben die Schatten transformiert und sehnen sich nur nach der Vereinigung mit der Quelle.

Gott in allem – das ist die Wahrnehmung eines Heiligen, der in die Unendlichkeit eingetaucht ist.

Ich segne euch im Namen Gottes

PARAMAHANSA YOGANANDA

Sprenge die Ketten und werde
zum Herrscher deines Schicksals.
Denn Vergangenheit und Zukunft
sind nicht vorbestimmt, sondern
werden in jedem Augenblick von
dir selbst geformt.

ATMAR

KARMA IST
EIN KONZEPT

ATMAR

DU HAST NIEMALS VERSAGT!
DEINE GEDANKEN ERSCHAFFEN DIE MATRIX
UNIVERSALSCHLÜSSEL DER VERGEBUNG UND
SELBSTLIEBE
MÜDIGKEIT, SÄTTIGUNG ODER LANGEWEILE
SPRENGE DIE KETTEN DES VERSTANDES

05. MAI 2019

DU HAST NIEMALS VERSAGT!

„Wisse, dass du niemals für irgendetwas, was du je gedacht oder getan hast, zahlen musst, weder in diesem noch in irgendeinem anderen Leben, solange du dir selbst vergibst. Sich selbst vergeben, ist die göttliche Handlung, die aus deiner Seele Schuldgefühle und Selbstverurteilung entfernt, die den Ausdruck Gottes, der du bist, begrenzen. Hast du dir erst selbst vergeben, dann wisse, dass der Grund für dieses und alle kommenden Leben einfach die Erfahrung ist, ein Teil des Jetzt, der Zukunft von Allem-was-ist, zu sein.

Wisse, dass du ewig bist, dass du niemals versagt hast, und dass das einzige, was du je falsch gemacht hast, war, zu glauben, dass du etwas falsch gemacht hast."
(Ramtha, Das weiße Buch, S. 142)

JJK: Dies stellt die ganzen Vorstellungen von Karma und karmischem Ausgleich auf den Kopf!

ATMAR: Es stellt sie – von einer höheren Ebene aus betrachtet – richtig! Dies werden wir im folgenden Gespräch vertiefen.

JJK: Was ist mit Menschen, die unglaubliches Leid über ihre Mitmenschen gebracht haben – Dschingis Khan, Stalin oder Hitler? Alles vergessen und vergeben?

ATMAR: ***Das Karma ist ein Konzept – wie Religionen ein Konzept sind. Der Glaube an das Karma macht das Karma – so, wie es verstanden wird – real.***

Das heißt, jeder Mensch erlebt – auch nach dem Tod – das, was seinen Glaubensmustern entspricht. Ein Christ findet einen christlichen Himmel, ein Buddhist einen buddhistischen oder ein Muslim einen muslimischen Himmel vor.

Glaubenskonzepte, die ganz tief verwurzelt sind, setzen sich auf der ätherischen Ebene fort.

DEINE GEDANKEN ERSCHAFFEN DIE MATRIX

so lange, bis ein Mensch dies zu hinterfragen beginnt. Dies kann auf der Erde geschehen oder nach dem Tod in der feinstofflichen Welt. Jederzeit ist neues Wissen möglich und ist Neues zu erfahren. Niemand bleibt auf ewig in seinem eigenen Käfig der Gedanken gefangen.

Es sind deine Gedanken, die deine Matrix erschaffen – sind sie grenzenlos, ist alles möglich – sind sie begrenzt, bleibt vieles aus.

Wer großes Unrecht und Schmerzen über die Menschheit gebracht hat, für den ist es meist ein langer und schmerzhafter Prozess, bis zu dem Punkt zu gelangen, an dem um Vergebung gebeten wird oder an dem dieses Wesen sich selbst vergeben kann. Um diesen Punkt zu erreichen, werden diese Wesenheiten oftmals selbst mit großem Unrecht konfrontiert. Es ist die Wiederholung von Schmerz, der den Menschen einem Erwachen näherbringt.

Sich selbst zu vergeben, ist für einen Menschen, der seine Verantwortung erkannt hat und dem die Folgen negativer Handlungen bewusst werden, zunächst eine Unmöglichkeit.

JJK: Das heißt, Karma bleibt so lange bestehen, bis sich der Mensch selbst vergeben hat, bis er sich selbst wieder lieben kann?

Welche Rolle spielt dabei die Tatsache, ob einem Menschen von jenen, denen das Leid zugefügt wurde, vergeben wird? Denn viele Menschen sinnen ja gerne nach Rache. Die „Auge-um-Auge-“ und „Zahn-um Zahn-Mentalität“ ist weitverbreitet?

ATMAR: ***Für den, der in die Selbstliebe zurückgefunden hat, ist es völlig unbedeutend, ob der Andere, dem das Leid zugefügt wurde, zur Vergebung bereit ist. Vergebung ist nicht von Zweiten oder Dritten abhängig!***

Wer um Vergebung bittet und sich selbst vergibt, dem ist vergeben. Kein Mensch kann einem anderen „Schuld" aufladen.

UNIVERSALSCHLÜSSEL DER VERGEBUNG UND SELBSTLIEBE

JJK: Jetzt könnte man geneigt sein, zu sagen, es sei alles erlaubt.

ATMAR: Grenzenlos zu werden, heißt nicht, rücksichtslos zu sein, es heißt, bestimmte Konzepte neu zu bewerten und auf die Berechtigung in deinem Leben hin zu überprüfen.

Das Konzept der Schuld und des Karmas hält viele Menschen davon ab, wirklich freie Erfahrungen zu machen. Ihr sorgt euch, was ihr im nächsten Leben an Folgeerscheinungen auszuagieren habt – und so meidet ihr bestimmte Wege und ihr umgeht jedes Risiko.

Beim Abenteuer des Lebens geht es darum, Wissen und Erfahrungen so lange anzusammeln, bis eine bestimmte Sättigung oder Langeweile eintritt – dann heißt es: Aufbruch in neue Dimensionen. Von Bedeutung ist, dass du in deinen Gedanken frei wirst.

Religiöse Konzepte, gleich wie schlüssig sie sind oder wie lange sie auf dieser Welt schon existieren, gilt es zu hinterfragen und abzulegen.

JJK: Wenn ich denke, dass ja ein jeder Mensch sehr schnell jemanden verletzt und ich dann die vielen Leben, die wir schon hatten, mit einberechne, dann scheint es ja fast unmöglich, all dieses Karma auszugleichen. Ich sehe es ja auch bei meiner Transformationsarbeit - Ende nie! Hier muss es ja einen Universalschlüssel geben ...

ATMAR: Selbstliebe und Vergebung - findet ein Mensch, gleich, was er auch getan hat, dahin zurück, löst sich alles auf und es wird alles aufgehoben. „Schuld", die abgetragen werden muss, existiert nur so lange, solange jemand diesem Konzept anhängt. Wer sich für neue Wege öffnet, dem werden auch neue Lösungen präsentiert. Es ist alles eine Frage der Bewusstheit - alles!

JJK: Ich hatte zuletzt eine unglaublich starke Erfahrung. Es gab ein Thema, das mir meine Frau und mein Sohn über einen langen Zeitraum gespiegelt hatten. Ich konnte oder wollte es nicht wahrhaben.

Eines Tages dann, ganz plötzlich, war mir alles bewusst. Ich stellte mich meinen Ängsten und als ich meiner Frau davon zu erzählen begann, lösten sich diese im selben Augenblick auf. Es war für mich eine tiefe Erfahrung.

Das Besondere dabei war, dass ich keine Meditation brauchte, sondern dass sich dies augenblicklich, während ich mit meiner Frau darüber sprach, erlöste. Die Ängste sind bis heute nicht mehr zurückgekommen. Wenn ich diese Erfahrung auf die Vergebung übertrage, dann fühle ich, welche Kraft in einer einzelnen Erkenntnis liegt.

Jetzt meine Frage: „Wie gelangen Menschen, die für unvorstellbares Elend verantwortlich sind, zu diesem Punkt der Erkenntnis?", und meine zweite Frage: „Wie können Menschen ihren Folterknechten das unglaubliche Leid, das ihnen oft angetan wurde, vergeben?"

MÜDIGKEIT, SÄTTIGUNG ODER LANGEWEILE

ATMAR: In beiden Fällen geht es um eine neue Ebene von Bewusstheit. Diese Ebene wird erreicht, sobald eine gewisse Müdigkeit, Sättigung oder Langeweile eintreten. Eine Seele, die alles, was diese Ebene bietet, erfahren hat, beginnt sich anders zu orientieren.

Das bedeutet, sie stellt existenzielle Fragen und verliert sich nicht mehr im Spiel. Die Vergebung steht immer am Ende der irdischen Reise. Je tiefer das Verlangen nach Vergebung ist, desto näher ist der Mensch dem Tor in die nächsthöhere Dimension des Seins.

Durch die Vergebung steigst du aus dem Konzept von Karma aus. Die meisten Menschen wollen noch im Spiel bleiben und daher sind auch nur wenige bereit für die absolute Vergebung. Weder wollen sie sich selbst vergeben noch dem Mitmenschen – das irdische Abenteuer, mit allen Glaubenskonzepten, setzt sich fort.

JJK: Was aber hat es damit auf sich, wenn ich selbst bei meiner Transformationsarbeit sehe, dass ich karmische Verstrickungen aus anderen Leben aufzulösen habe?

ATMAR: Es sind die Verbindungen, die noch nicht von der alles heilenden Energie der Vergebung berührt wurden. Wird dir die Tiefe dieser Kraft bewusst, dann löst sich augenblicklich die ganze karmische Kette bis zum Beginn deiner Ahnenreihe. Die Transformationskraft der Vergebung, die bedingungslose Selbstliebe führen dich direkt in die Freiheit.

JJK: Ohne diesen „Universalschlüssel" würden wir Menschen wohl sehr, sehr lange im Rad des Karmas gefangen bleiben…

ATMAR: Konzepte werden immer zuerst in den Gedanken hinterfragt und überwunden. Ebenso wird wahre innere Freiheit in den Gedanken geboren.

SPRENGE DIE KETTEN DES VERSTANDES

Ein einziger wegweisender Gedanke kann in einem einzigen Moment die Wahrnehmung deines Lebens verändern. Werde deshalb in den Gedanken radikal. Erforsche die Wurzel, die eine vollendete Blüte hervorbringt.

Sprenge die Ketten des Verstandes und du bist frei! Du bist von keiner Schuld behaftet und du hast niemals etwas falsch gemacht.

Irrtümer entstehen aufgrund von Unwissen. Wird dir Gott dein Unwissen vorwerfen?

Begreife, Meister: Du stehst jetzt im Leben da, wo du stehen sollst, damit du die Abenteuer erfahren kannst, die du erfahren willst. Es ist deine Freiheit und die Grenzen setzt du dir selbst.

Sprenge die Ketten und werde zum Herrscher deines Schicksals. Denn Vergangenheit und Zukunft sind nicht vorbestimmt, sondern werden in jedem Augenblick von dir selbst geformt.

Liebe dich und sei glücklich! Gott verlangt nur das von dir.

ATMAR

Sich zu schützen, heißt, nicht
kaltherzig zu sein, sondern heißt,
bei sich selbst zu bleiben und
dadurch die Fähigkeit zu behalten,
achtsam jeder Situation und
deren Anforderungen
zu begegnen.

MEISTER ST. GERMAIN

WARUM ENERGETISCHER SCHUTZ SO WICHTIG IST!

GESPRÄCH MIT

MEISTER ST. GERMAIN

BRAUCHT DIE LIEBE SCHUTZ?
ANGST VOR FALLSCHIRMSPRUNG UND REGEN
WAS DIE LIEBE BRAUCHT
ENERGETISCHER SCHUTZ IST BASIS FÜR DIE LIEBE

22. MAI 2019

BRAUCHT DIE LIEBE SCHUTZ?

JJK: *„Nur wer Angst hat, muss sich schützen."* Diesem Glaubenssatz begegne ich sehr häufig. Stimmt das?

MEISTER ST. GERMAIN: Ich umfange alle Menschen, die diesem Gespräch jetzt folgen, mit meiner Liebe.

Wer Angst hat, wovor auch immer, der neigt dazu, sich zu schützen, wie auch immer. Dies ist zunächst nichts Verwerfliches, sondern dieser Wahrnehmung geschuldet. Jetzt geht es darum, ob die Ängste berechtigt oder eingebildet sind. Dies gilt es zunächst für den Einzelnen zu beachten.

Bei eingebildeten Ängsten ist es wichtig, diese zu erkennen, sich diesen zu stellen und diese zu lösen. Berechtigte Ängste hingegen treten auf, damit ein Mensch Schutzmaßnahmen ergreift. Hier geht es um Klugheit und um das Verständnis, dass jede Ebene im Sein ihre eigenen Gesetze hat.

Gott eilt zu Hilfe, nachdem der Mensch alle Möglichkeiten, die diese Ebene bietet, ausgeschöpft hat. Das ist das Wesen dieses Spiels, denn erst dadurch kann der Mensch sich selbst erfahren.

ANGST VOR FALLSCHIRMSPRUNG UND REGEN

Niemand, der bei Verstand ist, würde ohne Fallschirm aus dem Flugzeug springen. In diesem Fall ist es die Angst, die dafür sorgt, richtige Vorkehrungen für einen Sprung zu treffen – eine Angst, die den Menschen vor Leichtsinn und vor Dummheit schützt.

Hat ein Mensch jedoch Angst vor Regen, so gilt es diese Angst zu betrachten und zu erlösen. Denn obwohl der Regen nass macht, sind Ängste davor unbegründet. Dennoch wird sich ein jeder Mensch, der nicht nass werden will, vor dem Regen schützen. Das heißt, auch wenn jemand keine Angst vor etwas hat, ist ein Schutz oft notwendig oder einfach erwünscht, um Unangenehmes fernzuhalten. In diesem Sinne ist die Feststellung oder ist der Glaube, „nur wer Angst hat, muss sich schützen", ein Irrglaube und eine Fehlannahme. Dieser Glaubenssatz bedarf einer genauen und differenzierten Überprüfung.

JJK: Sein Herz zu öffnen und sich hinein in das Abenteuer der Liebe zu begeben, zu lieben, keine Angst vor nichts und niemandem zu haben, das sei der Weg, meinen viele. Daher meine Frage: Wie verhält sich das auf energetischer Ebene? Muss ich mich selbst zum Beispiel vor Energievampiren schützen oder reicht es, wenn ich einfach ganz offen in eine Begegnung gehe und Liebe sowie Licht, Freude und Herzenswärme ausstrahle?

Aus meiner Erfahrung weiß ich, dass dies sehr oft nicht ideal ist, da es einfach Energien gibt, die darauf nicht ansprechen und dies entweder als Einladung oder Schwäche auslegen.

MEISTER ST. GERMAIN: Bei diesem Thema herrscht große Verwirrung und Irrtümer machen sich breit. Bringen wir Licht in diese Angelegenheit.

WAS DIE LIEBE BRAUCHT:

1) Bedingungslose Liebe braucht ein Fundament, auf dem SIE entstehen kann, und Voraussetzungen, die SIE ermöglichen.

   Das bedeutet, über eine gute energetische Basis zu verfügen und über Weisheit – damit die richtigen Zuordnungen getroffen werden können. Eine gute energetische Basis ist bei allen gegeben, die ihre Aura geheilt haben und deren Energiefeld in der ursprünglichen Frequenz schwingt. Dies wird durch Heilungsarbeit erreicht. Ist ein Mensch so weit, dann hat er die freie Wahl, wie er energetischen Übergriffen begegnet oder sich darauf einstellt.

   Ich sage euch: Jeder Meister weiß, welchen Schutz er in welcher Situation aufbauen muss, um sein Licht zum Erstrahlen zu bringen, sodass seine Liebe die Menschenherzen erreichen kann.

2) Bedingungslose Liebe schließt den achtsamen Umgang mit Mitmenschen und dem Umfeld mit ein und nicht aus.

   Das heißt, es ist notwendig, zu wissen, auf welcher Ebene etwas geschieht. Übergriffen der 3D-Ebene gilt es zunächst mit den Werkzeugen dieser Ebene zu begegnen. Wer bei Regenwetter aus dem Haus geht und meint, Gott würde ihn vor Nässe bewahren, der wird sehr rasch feststellen müssen, dass er nicht ohne Regenschutz auskommt.

3) Bedingungslose Liebe hat viele Gesichter und kann auch das Gesicht von Zurückweisung haben.

   Das heißt, alle wahren Meister wissen, welche Methode im einzelnen Fall angewandt werden muss, um einen Menschen zu bewegen oder eine Situation zu verändern. Manchmal ist die Liebe bei Meistern kaum zu erkennen, dann wieder überstrahlt sie alles und alle. Wer die Fähigkeit entwickelt, hinter dem Offensichtlichen das Wahre, das Wirkliche zu sehen, der ist gesegnet.

JJK: Ich möchte mich selbst nicht mit den Meistern vergleichen, das liegt mir einfach nicht, da ich weiß, dass ich noch selbst reichlich an mir zu arbeiten habe. Außerdem finde ich jeden Vergleich falsch. Schließlich ist ein jeder Mensch einmalig und einzigartig – mit nichts und niemandem zu vergleichen.

Doch manchmal wird auch mir „Kaltherzigkeit" attestiert. Vor allem dann, wenn ich mich vor Energieräubern in Acht nehme und meine Schutzwände auffahre oder wenn ich sogar unfreundlich wirke, damit gewisse Übergriffe von vornherein nicht stattfinden können. Ist es möglich, Übergriffen mit purer Liebe zu begegnen?

ENERGETISCHER SCHUTZ IST BASIS FÜR DIE LIEBE

MEISTER ST. GERMAIN: Was ist „pure Liebe"? Beinhaltet diese Liebe die Dummheit, sich vor absehbaren Schäden nicht zu schützen oder in Acht zu nehmen? Als Jesus vom Satan versucht wurde, war er innerlich im Herzen die Liebe selbst, jedoch auf allen Ebenen seines Wesens bis zur äußersten Körperebene wirkte ein undurchdringlicher energetischer Schutz, um dem Kraftfeld Satans standzuhalten.

Sich zu schützen, heißt, nicht kaltherzig zu sein, sondern heißt, bei sich selbst zu bleiben und dadurch die Fähigkeit zu behalten, achtsam jeder Situation und deren Anforderungen zu begegnen.

In diesem Bereich kommt es gerne zu unausgereiften Annahmen und viele Menschen bedienen hier gerne ihre eigenen Heilungsmuster.

Ich sage dir: Liebe hat viele Gesichter und sie erreicht jeden Menschen auf eine andere Weise. Damit die Liebe fließen kann, gilt es allem, was diesen Fluss unterbrechen könnte, mit geeigneten Mitteln zu begegnen.

Auch die Licht-und-Liebe-Illusion hat viele Gesichter. Wer sie erkennt, entwirrt sein Leben und weiß sich vor eingebildeten wie auch berechtigten Ängsten gut zu schützen.

Sei dir bewusst: Ein guter energetischer Schutz ist heute die Basis, auf der du deine Liebesfähigkeit entwickeln kannst.

So gehe hin und sorge für das Notwendige, damit sich das erwünschte Resultat einstellen kann – die bedingungslose Liebe.

Ich bin MEISTER ST. GERMAIN

Es ist leicht, jemanden zu lieben,
der dich auch liebt! Zu lieben,
wo dir Hass entgegenschlägt,
das ist die Ebene von Erleuchtung
und von wahrem Mitgefühl.

JOHANNES DER TÄUFER

MITGEFÜHL UND LIEBE FÜR DIE FEINDE

GESPRÄCH MIT
JOHANNES DEM TÄUFER

MITGEFÜHL FÜR DIE GANZE WELT
MITGEFÜHL FÜR UNSERE FEINDE
DER NÄCHSTE IST DEIN SPIEGEL

01. JUNI 2019

MITGEFÜHL FÜR DIE GANZE WELT

BUDDHA *pflegte zu seinen Schülern zu sagen: „Nach jeder Meditation solltet ihr in euer Mitgefühl gehen – unmittelbar danach – denn wenn man meditiert, nimmt die Liebe zu, wird das Herz voll. Nach jeder Meditation solltet ihr Mitgefühl für die ganze Welt empfinden, sodass ihr eure Liebe mit anderen teilen könnt und die Energie in die Atmosphäre entlasst, sodass sie von anderen genutzt werden kann."* (OSHO, Empathie, S. 221ff, Innenwelt Verlag)

JJK: Dieses „Mitgefühl" für die ganze Welt empfinden sehr viele Menschen, doch je näher einem ein Mensch ist und je mehr man die Eigenschaften eines Menschen kennt, desto schwieriger ist dies oft. Warum?

JOHANNES DER TÄUFER: Je näher sich Menschen sind, desto intensiver sind die Spiegelungen. Wer sich selbst noch nicht wirklich liebt, der wird auch die Spiegelungen als unangenehm empfinden. Dabei entlädt sich der Unmut auf den, der dir den Spiegel vorhält – und so ist echtes Mitgefühl kaum möglich. Das heißt, zuerst ist die Selbstliebe vonnöten, erst danach bist du bereit, dich so anzunehmen, wie du bist. Dann ist dir jede Spiegelung willkommen und ist dir diese keine Belastung mehr – dann werden Nächstenliebe und wahres Mitgefühl möglich.

JJK: Im selben Buch ein paar Absätze weiter:
Es geschah einmal in China:
Als Bodhidharma nach China ging, kam ein Mann zu ihm und sagte: „Ich habe immer deine Lehren befolgt: Ich meditiere und empfinde anschließend Mitgefühl für das gesamte Universum, nicht nur für die Menschen, sondern auch für die Tiere, die Felsen und die Flüsse. Doch es gibt da ein Problem: Für meinen Nachbarn kann ich kein Mitgefühl empfinden, es ist mir einfach nicht möglich. Sag mir also bitte: Kann ich meinen Nachbarn von meinem Mitgefühl ausschließen? Wenn ich die gesamte Existenz, bekannt und unbekannt, darin einschließe, kann ich dann meinen Nachbarn ausschließen? Bei ihm fällt es mir sehr schwer, bei ihm ist es praktisch unmöglich. Ich kann für ihn kein Mitgefühl empfinden."
Bodhidharma antwortete ihm: „Vergiss dein Mitgefühl, denn wenn dein Mitgefühl irgendjemanden ausschließt, ist es nicht wirklich vorhanden." (OSHO, Empathie, S. 222ff, Innenwelt Verlag)

MITGEFÜHL FÜR UNSERE FEINDE

JJK: Ich denke jetzt an unsere Feinde – Menschen, die andere Menschen quälen, missbrauchen oder umbringen. Wenn jemand solche Erfahrungen gemacht hat oder einer solchen beigewohnt hat, wie ist es dann möglich, diesem „Feind" Mitgefühl entgegenzubringen?

JOHANNES DER TÄUFER: Indem allmählich die größere Dimension dieser Begegnung erfasst wird und indem einem bewusst wird, dass dies eine Aufgabe ist, die gemeistert werden soll.

Erleuchtung beinhaltet das bedingungslose Mitgefühl – ohne diese Qualität gibt es keine Erleuchtung.

„Liebe deinen Nächsten wie dich selbst!"
Das hat JESUS den Menschen mitgegeben – und der Nächste kann auch dein Feind sein.

Deshalb sprach JESUS auch von der Feindesliebe – und Feinde machen dich immer auf karmische Verflechtungen aufmerksam. Es liegt an jedem Einzelnen, diese zu lösen oder – durch Vergeltung – für weitere Verstrickungen zu sorgen.

Hat ein Mensch am eigenen Leibe, an der Seele oder an der Psyche eine Misshandlung erfahren, dann führt der Weg zur Heilung zuerst über das Anerkennen dessen, was ist. Daraufhin geht es um die Vergebung und schließlich ist es das Mitgefühl, das alles auflöst.

Wer nicht mehr auf Vergeltung oder Rache sinnt, der durchbricht den destruktiven Kreislauf dieser Illusion und für den enden Geburt und Wiedergeburt.

Ist dein Nachbar dein Feind, dann versuche die Hintergründe zu begreifen. Was wird dir gespiegelt und was lehnst du an dir selbst ab?

DER NÄCHSTE IST DEIN SPIEGEL

JJK: Interessant ist ja auch, dass manche Eltern zu den eigenen Kindern sehr streng – manchmal an der Grenze zur Lieblosigkeit – sind und sich zu den Kindern in der Nachbarschaft oder in der Verwandtschaft ganz anders verhalten. Ich habe das in meiner Kindheit so erlebt und auch bei den Nachbarsfamilien und Nachbarskindern so beobachtet.

JOHANNES DER TÄUFER: Eigene Kinder sind der direkteste Spiegel für Eltern. Kinder spiegeln immer die noch unerlösten Themen von Mama und Papa.

Je stärker ein Vater oder eine Mutter darauf anspringen, umso deutlicher ist, dass es etwas zu erlösen und zu erkennen gibt. Deshalb ist die Eigenliebe so wertvoll.

Denn je vollkommener die Selbstliebe ist, desto selbstverständlicher geht ein Mensch mit entlarvenden Spiegelungen um.

Nächstenliebe und Feindesliebe sind Zwillinge, die einander gleichen.

JJK: Wenn nun ein Opfer dem Täter die Tat nicht vergeben kann und für den Täter kein Mitgefühl empfinden kann, dann ist also das ganze Mitgefühl, zu dem ein Mensch fähig ist, nichts wert?

JOHANNES DER TÄUFER: Es ist nichts wert, da es sich dort – wo es am meisten benötigt wird, um tief greifende Heilungen und Erkenntnisprozesse in Gang zu bringen – fehlt.

Es ist leicht, jemanden zu lieben, der dich auch liebt! Zu lieben, wo dir Hass entgegenschlägt, das ist die Ebene von Erleuchtung und von wahrem Mitgefühl.

Dies ist der einzige Weg, um Karma augenblicklich aufzulösen, und es ist der einzige Weg, um den Kreislauf von Schuld und Sühne zu durchbrechen.

Diese Stufe erreichst du, sobald du wirkliche Freiheit und wahren Frieden anstrebst. Dann hast du die Kraft, um das Rad des Karmas anzuhalten, dann verlässt du dieses Spiel.

Liebe deinen Nächsten, auch wenn es dein Feind ist!

Dies zu erfassen, bringt dich dem Himmelreich nahe und lässt dich verstehen, worum es in einem Erdenleben wirklich geht.

JOHANNES DER TÄUFER

Sobald die Brücken zu den Abhängigkeiten dieser Welt gesprengt werden, üben die Lockmittel dieser Matrix keine Faszination mehr aus.

SAI BABA

DAS AUFGEBEN VON WÜNSCHEN UND BEGIERDEN

GESPRÄCH MIT

SAI BABA

GRUNDBEDINGUNGEN FÜR GEISTIGEN FORTSCHRITT
AUFGABE VON BEGIERDEN
DAS LEERE GEFÄSS
VOR DER EIGENEN TÜRE KEHREN!

11. JUNI 2019

GRUNDBEDINGUNGEN FÜR GEISTIGEN FORTSCHRITT

„Die Grundbedingung für geistigen Fortschritt ist das Aufgeben von Wünschen und Begierden." (Jesus und Sai Baba, S. 169, Govinda Sai Verlag)

JJK: ***Gar keine Wünsche mehr zu haben – wie geht das?***

SAI BABA: ***Indem du alles – absolut alles – Gott überlässt!***

Ich bin bei dir und mitten unter euch.

JJK: Heißt es nicht, dass es gut ist, sich bestimmte Dinge ganz fest zu wünschen, da erst dadurch Manifestationsimpulse gesetzt werden?

SAI BABA: Auf einer bestimmten Stufe der Entwicklung ist das von Bedeutung. Hat ein Mensch diese Stufe überschritten, sehnt er sich nur noch nach Gott und der Einheit mit Gott. Dies bringt dann die absolute Wunschlosigkeit hervor, dann ist das ganz natürlich.

Ein Mensch, der diese Stufe der Verwirklichung erreicht hat, dem sind Wünsche so fremd, wie den meisten Menschen fremd ist, ohne Wünsche zu existieren.

AUFGABE VON BEGIERDEN

JJK: Das Aufgeben von Begierden ist für mich leicht nachvollziehbar. Aber eine, wie ich glaube, wichtige Frage stellt sich für mich dabei dennoch: Wenn ich meine Frau begehre, was zweifelsfrei so ist, ist das auch verwerflich? Diese Begierde kann ja oftmals für beide Seiten anregend sein?

SAI BABA: Auch hier ist die Stufe der Verwirklichung entscheidend. Jede Stufe hat eigene Kriterien und bringt spezifische Verhaltensweisen, das heißt, Emotionen, mentale Konzepte und Vorstellungen hervor.

Es gibt einen Punkt in der Entwicklung des Menschen hin zu einem durch und durch spirituellen Wesen, an dem sich – anstatt von Begierde – reine Liebe als Anziehungskraft einstellt.

JJK: Interessant ist ja, dass ich seit Tagen innerlich sehr unruhig bin. Heute fand ich durch sehr wegweisende Träume in die Stille und schließlich wurde ich auch zu dem einleitenden Ausspruch im besagten Buch geführt.

Was stellt sich jetzt bei mir ganz konkret um und was stellt sich bei Menschen um, die dies jetzt lesen – das ist ja nicht ohne Grund?

SAI BABA: Erneut bricht das Licht bei dir durch. Du wirst auf ein neues Verständnis von Liebe angehoben und jetzt darauf eingeschwungen. Deine Beziehungen werden sich erneut ändern – sie werden tiefer oder sich auflösen. All dies gilt zu bestimmten Teilen auch für die Menschen, die diesem Gespräch bis hierher folgten. Eine neue Ebene der Wahrnehmung wird erreicht und dafür werden innere Reinigungen veranlasst.

JJK: Von wem „veranlasst"?

SAI BABA: Von eurem Selbst und den Lichtwesenheiten, die jeden Menschen dabei begleiten.

DAS LEERE GEFÄSS

JJK: In einem Traumbild kam ein Gefäß vor, das ich auf Hochglanz poliere – und in der Szene darauf fragt mich ein guter Freund, ob er seine Arbeit kündigen soll …?

SAI BABA: Das leere, polierte Gefäß repräsentiert dein Innerstes. Ein solches Traumbild ist immer von großer Bedeutung und führt immer zu tief greifenden und positiven Veränderungen im Leben. Erst dann bist du ein guter Ratgeber und dein Freund weiß genau, warum er dich fragt. Dies betrifft dich, aber auch Menschen, die dieses Gespräch aufnehmen.

JJK: Wie kann ein Mensch sicher sein, dass sich jetzt bestimmte Türen zur Wunschlosigkeit und zum bedingungslosen Gottvertrauen auftun? Wer darf bei sich selbst ein „leeres Gefäß“ vermuten?

SAI BABA: Jeder, der diesen Worten folgt, wird Umstellungen in seinem Leben bemerken, die er nicht leugnen oder ignorieren kann. Daran ist zu erkennen, welche Energie allein durch die Teilhabe an dieser Botschaft frei wird. Jeder wird auf spezifische Weise geöffnet – ganz seinem Seelenplan gemäß. Diesem Gespräch zu folgen, heißt, auf irgendeiner Ebene für Veränderungen bereit zu sein.

JJK: Nochmals zu mir – bin ich wirklich so „herzlos“, wie mir kürzlich jemand, der feinstofflich arbeitet, attestierte?

SAI BABA: Bereiche und Schichten deines Herzens werden geheilt – mit Licht und Liebe erfüllt – darum geht es und das hat vor einigen Wochen begonnen. Diese Heilungen stellen bei dir eine Erweiterung der bereits begonnenen Prozesse dar. Neue Ebenen und Schichten werden geheilt. Die Verunsicherung, die du durch diese ungenaue und mangelhafte „Analyse“ erfahren hast, diente dazu, dass du ganz tief in dieses Thema einsteigen konntest – mit dem Resultat, dass heute vieles von dir abfallen kann, was wie ein Gewicht auf deiner Seele lag. Jetzt ist das reif und du bist bereit.

JJK: Was ist das?

SAI BABA:

- Mut für Neues, auch wenn mit Unverständnis aus deinem nächsten und erweiterten Umfeld zu rechnen ist.
- Ganz deiner Inspiration und Gott zu vertrauen, auch wenn mit Anfeindungen zu rechnen ist.
- Den Weg zu gehen, ohne das Ziel zu kennen, auch wenn Bedenken aus längst vergangenen Leben auftauchen.

Diese Blockaden – es sind emotionale Strukturen, eingelagerte, traumatische Erfahrungen und ungültige Glaubenssätze – lösen sich jetzt auf.

Als weitere Tatsache etabliert sich bei dir ein immer tiefer werdendes Gottvertrauen. In das polierte Gefäß kann Gottvertrauen eingegossen und in deine Seele kann Hingabe eingeflößt werden. Wünsche aus der Ebene deines ICHS verlieren für dich an Bedeutung und ein noch tieferes Verständnis darüber, wie Gott in der Praxis arbeitet, ist die Folge.

JJK: Wird auch jede Begierde in mir gelöscht?

SAI BABA: Dein Seelenplan sieht vor, dass du jetzt innerlich in ruhigere Gewässer kommst.

Dies benötigst du für deinen weiteren Weg und deine weiteren Aufträge. Je lauter es im außen wird, desto stiller musst du im Inneren sein. Warum es geht: An die Stelle von Wünschen tritt Gottvertrauen und Liebe ersetzt die Begierde.

VOR DER EIGENEN TÜRE KEHREN!

JJK: Bin ich der Grund, warum das Lichtwelt-Projekt nicht zügiger wächst?

SAI BABA: Die Ursachen sind vielfältig und gehorchen überirdischen und irdischen Notwendigkeiten. Bei dieser Frage braucht sich niemand lange aufzuhalten! Was ein jeder Mensch, der im Lichtwelt-Team mitwirkt, berücksichtigen soll, ist, welche inneren Blockaden stehen zunächst dem eigenen Wachstum und in der Folge der Vergrößerung des Lichtwelt-Projektes im Wege – jeder bei sich selbst und niemand bei einem Anderen.

JJK: Jeder soll vor der eigenen Türe kehren?

SAI BABA: Immer! Registriert die Potenziale beim Nächsten, nehmt sie wahr. Bleibt aber urteilsfrei. Das ist die richtige Haltung, denn dadurch vermeidet ihr Spannungen in euch selbst und untereinander.

JJK: Was bedeutet dieser Teil des Besprochenen für die Menschen, die bis hierher gelesen haben?

SAI BABA: Alle diese Menschen haben teil an diesem Wissen und ein jeder kann für sich richtige Schlüsse ableiten.

JJK: Wunschlos zu sein und ohne Begierden – das fühlt sich sehr entspannt an! Vor allem ist es so ein freier und angstloser Zustand...

SAI BABA: Je tiefer das verwirklicht ist, desto grenzenloser ist die Freiheit und umso weitreichender ist die Angstlosigkeit. Diesen Bewusstseinszustand zu erreichen, heißt, unverwundbar zu werden.

Sobald die Brücken zu den Abhängigkeiten dieser Welt gesprengt werden, üben die Lockmittel dieser Matrix keine Faszination mehr aus:

- Du liebst und bist frei. Du bist im vollkommenen Gottvertrauen. Was dir Gott gibt, nimmst du an.

- Erwartungen gibt es genauso wenig wie Enttäuschungen. Die Fülle Gottes entspringt deinem Herzen – dem polierten Gefäß in deinem Inneren.

Es ist ein wunderbarer Zustand von Verwirklichung, eine neue Dimension von innerem Frieden und seelischer Ausgeglichenheit.

Ich bin SAI BABA
Der Hüter deiner Tage und Nächte – allezeit.

Herrschaft ohne Liebe
ist Tyrannei.

BABAJI

DER WERT DES CLANS UND DIE BEDEUTUNG VON TIEREN

GESPRÄCH MIT

BABAJI

ERWACHEN AUF ALLEN EBENEN

DAS HINDERLICHE EGO

KODEX AB 12 CLAN-MITGLIEDERN

TIERE SIND FÜR UNS MENSCHEN DA!

29. JUNI 2019

JJK: Ich habe gelesen und gehört, dass das genauere und eigentliche Wort für Familie „Clan" ist. Es ist dieser Teil einer Gemeinschaft, der einander sehr gut vertraut ist und der eine seelische Verbindung über viele Leben aufweist. Familie hingegen beschreibt alle Menschen, die sich nahe sind, die in einem Bereich oder unter einem Dach leben, dabei müssen nicht unbedingt lang bestehende geistig-seelische Verbindungen vorhanden sein. Ist das richtig so?

Das ist für mich nämlich sehr spannend, denn den Begriff „Clan" kennen wir vor allem im negativen Sinne, Mafiaclan zum Beispiel. Es ist die Deutungshoheit des Systems und wer die Begriffe kontrolliert, kontrolliert wohl auch die Menschen – oder?

ERWACHEN AUF ALLEN EBENEN

BABAJI: Begriffe, die jetzt in ihre Ursprünglichkeit zurückgeführt werden – das Erwachen findet auf allen Ebenen statt. Worum es geht, ist, dass ihr täglich aufmerksamer, wacher und bewusster werdet. Dadurch enthüllt sich euch der Sinn des Lebens und ihr werdet mit den Menschen, mit denen ihr euch verabredet habt, zusammengeführt. Auf diese Weise entstehen Gruppen – Clans – deren innere Energie nicht zu zerstören ist.

Denn sobald sich ein Clan seiner eigentlichen Aufgabe in diesem Spiel voll bewusst wird, werden die Energien der einzelnen Menschen auf das Ganze, auf den gemeinsamen Auftrag hin, ausgerichtet. Das bedeutet wahre Macht, die unzerstörbar ist.

Ein lichtvoller Clan, der sich dessen bewusst ist, hat enorme Kraft und kann große Macht ausüben. Deshalb versuchen jene Kräfte, die ihre destruktive Macht auf dieser Erde weiterführen wollen, alles, um die Menschen von diesem Wissen abzuhalten. Damit keine Clanbildungen entstehen, wird dieser Begriff negativ besetzt und uminterpretiert – trennen und herrschen, das ist die Maxime, die bisher sehr erfolgreich war.

JJK: Ich denke jetzt an den Lichtwelt-Clan. Bisher bezeichnete ich diesen als Lichtwelt-Familie. Ab heute ist es anders. Wenn wir „Gefährten aus der Ewigkeit" also all unsere geistigen, ideellen, finanziellen und spirituellen Ressourcen vereinen, sind wir unbezwingbar und erfüllen zugleich unsere kollektive Aufgabe als Clan, der sich jetzt hier auf der Erde verabredet hat, wohl am besten.

BABAJI: Dahin gingen und gehen alle Bestrebungen des letzten Jahrzehnts, als du mit der Gründung des Lichtwelt-Projektes betraut wurdest.

JJK: Warum fielen und fallen immer wieder so viele Menschen, die durchaus zum Lichtwelt-Clan gehört hätten, aus? Manche ziehen einfach nicht mit und bedienen – wissentlich oder unwissentlich – einfach ihre eigenen Themen und Bedürfnisse.

DAS HINDERLICHE EGO

BABAJI: Es ist das hinderliche Ego. In einem Clan hat ein Übermaß an Egoismus, das falsche Ego, keinen Platz. Es geht darum, seine Rolle zu erfüllen, und nicht darum, Egoismen auszuleben. Wer also vom Ego beherrscht wird, fühlt sich nicht wohl in einer solchen Gemeinschaft und sucht das Weite. Als zweiter Grund gilt die Tatsache, dass viele eurer Weggefährten einen anderen Weg gewählt haben. Sie wichen vom Lichtpfad ab, um gänzlich andere Abenteuer zu erleben. Sie wollen Umstände, die der dritten oder der niedrigen vierten Dimensionsdichte angehören, ausagieren.

JJK: Was würde eine globale Clan-Bildung weltweit bedeuten?

Ich denke mir, dass – sobald sich viele solcher lichten Clans bilden – das jetzt noch vorherrschende System in ernste Schwierigkeiten geraten würde.

Ein Clan ist immer selbstbestimmt, kann für seine eigenen Bedürfnisse sorgen und ist von diesem System nicht mehr wirklich abhängig. Gemeinschaften, wie beispielsweise die Anastasia-Dörfer in Russland, sind ein völlig anderes Gesellschaftsmodell – eines für die Zukunft?

BABAJI: Das jetzt noch vorherrschende System, wie du es bezeichnest, verliert immer mehr an Macht. Was derzeit geistig-seelisch wirklich vorherrscht, ist die Sehnsucht von immer mehr Menschen nach der Wahrheit. Hier bricht etwas auf, was zu einer Sogwirkung führt, die „vom System" nicht mehr zu kontrollieren ist. Das heißt, der eigentliche Wandel findet noch im Stillen statt, ist aber für wache Menschen auch in der äußeren Welt nicht mehr zu übersehen. Dieses Aufwachen ermöglicht, was du beschreibst. Anastasia weist euch einen praktikablen Weg zurück zur Natur und zurück zur Quelle. Dieser Einladung folgen immer mehr Menschen, da sie verstehen können, worum es geht.

Ich sporne euch an, eure eigenen Aufträge zu finden, diese daraufhin mit Mitmenschen in Verbindung zu bringen und diese gemeinsam zu manifestieren.

Dafür ist es wichtig, dass ein jeder Menschen seinen Platz kennt und diesen gerne einnimmt – und dies wiederum ist möglich, sobald der Einzelne nicht mehr der Diktatur seines Egos unterliegt.

Du bist die neue Menschheit. Du kannst dich der neuen Menschheit nicht anschließen, sondern du kannst sie nur mitgestalten.

Du kannst die neue menschliche Gesellschaft auch nicht konsumieren, sondern sie ist nur zu erlangen, wenn du dich daran beteiligst, wenn du selbst der Wandel bist und dich entsprechend einbringen kannst. Dafür musst du dich selbst kennenlernen und dein Ego an den richtigen Platz stellen.

Wer sein Ego beherrscht, der ist reif für eine Mitgliedschaft in seinem Clan.

JJK: Gibt es etwas, was ein Clan bedenken muss. Ich meine, ist die Größe zum Beispiel ausschlaggebend und welche Regeln sollte ein Clan sich geben?

KODEX AB 12 CLAN-MITGLIEDERN

BABAJI: Sobald gereifte Menschen zusammenfinden, ergeben sich die Regeln von selbst. Dennoch ist es ab einer Größe von 12 Clan-Mitgliedern gut, sich auf Regeln, auf einen Kodex zu verständigen. Dies deshalb, damit jene Menschen, die noch nicht ganz fest in ihrem Glauben und in ihren Aufträgen stehen, einen Kompass haben, sobald sie unsicher werden.

Diese Regeln sind einfach und bestehen aus Wahrhaftigkeit, Einfachheit und Liebe – und aus dem inneren Bedürfnis, seine eigenen Aufträge in Einigkeit mit dem Clan zu erfüllen. Jeder Mensch, der seine Rolle kennt, der bereit ist, diese zu gestalten, und sein Ego gezähmt hat, ist ein wertvoller Teil eines solchen Verbundes.

JJK: Das heißt, auf der Grundlage von Wahrhaftigkeit, Einfachheit und Liebe soll ein Clan seine Regeln erstellen?

BABAJI: Ja. Definiert eure Regeln, damit das Zusammenleben konfliktfrei vonstattengeht und damit ihr euch mit ganzer Kraft und Liebe euren eigentlichen Aufgaben widmen könnt.

JJK: Ab einer Zahl von 12 ist dies wichtig zu formulieren – warum?

BABAJI: Die 12 bringt die Vollkommenheit und auch das Ende einer Entwicklung. Etwas Neues beginnt – und die 12 ist im Zusammenhang mit deiner Frage die Zahl der Grenze, an der bestimmte Entwicklungen in einem Clan von dem, der diesem vorsteht, nicht mehr vollständig zu überblicken sind.

JJK: Daher braucht es ausformulierte Regeln, braucht es auch einen „Vorsteher“, also einen Clan-Anführer.

BABAJI: Es braucht spirituelle Weitsicht und Weisheit, die einzelne Menschen in sich vereinen. Ab 12 Menschen in einem Clan braucht es einen „Rat der Weisen“ bestehend aus 3 Menschen, die der Clan erwählt. Diese Menschen treffen die Entscheidungen, wenn sich der Clan nicht auf ein gemeinsames Vorgehen einigen kann.

JJK: Das ist ja sehr konkret. Sollte das Lichtwelt-Projekt daran denken?

BABAJI: Noch ist dieser Punkt nicht erreicht, doch die Veränderungen, die jetzt auf euch zukommen, werden euch auch dahin führen.

JJK: Was aber, wenn sich die 3 Menschen auch nicht auf eine Vorgangsweise einigen können?

BABAJI: Deshalb ist es wichtig, einen Menschen zu bestimmen, der in diesem Fall die alleinige Entscheidung trifft, jemand, der über ausreichende Weisheit verfügt und in solchen Situationen eine Entscheidung treffen kann, damit keine Konflikte entstehen und ehe Stagnation eintritt.

TIERE SIND FÜR UNS MENSCHEN DA!

JJK: Welche Rolle nehmen in diesem Verbund die Tiere ein?

Sind die Tiere für uns Menschen da oder wir Menschen für die Tiere?

In der Bibel steht: *„Gott segnete sie (Mann und Frau) und sprach zu ihnen: Seid fruchtbar und vermehret euch, bevölkert die Erde, unterwerft sie euch und herrscht über die Fische des Meeres, über die Vögel des Himmels und über alle Tiere, die sich auf dem Land regen."* (Gen 1, 28).

Stimmt das wirklich?

BABAJI: Richtig heißt es: „Liebt die Erde und herrscht in Weisheit und Liebe über die Fische des Meeres, über die Vögel des Himmels und über alle Tiere, die sich auf dem Land regen."

Wessen Herrschaft ohne Liebe ist, der ist eines Herrschers unwürdig!

Die Tiere dienen euch in Liebe, sind für euch da in Liebe. Dem Menschen obliegt es, diese Liebe zurückzugeben. Die Tiere wissen, dass sie für die Menschen da sind, doch die Menschen vergessen, diesen Dienst der Tiere zu würdigen und mit Liebe darauf zu antworten.

Herrschaft ohne Liebe ist Tyrannei!

Mit diesen Gedanken überlasse ich dich, der du diesen Worten aufmerksam gefolgt bist, deinen weiteren Überlegungen und Erkenntnissen. Strebe nach der Wahrheit und nach dem Licht, dann ist dir – als Einzelnem – und euch allen – als Gemeinschaft – alles möglich.

Ich liebe euch unendlich.

BABAJI

Große Veränderungen sind
im Gange, doch die größte
Veränderung findet
in euren Herzen statt!
Dort, wo sich der alchemistische
Prozess vollzieht, bei dem Hass
in Liebe verwandelt wird.

JESUS CHRISTUS

DER EINZIGE WEG ZUM WELTFRIEDEN

GESPRÄCH MIT
JESUS CHRISTUS

DIE ANTWORT AUF DEN HASS GLAUBT AN DIE STÄRKE DER MENSCHEN

30. JUNI 2019

„Jesus wünschte denen, die ihn beleidigten und verletzten, nur Gutes. Das ist eine Lektion, die wir heute sehr brauchen. Niemand sollte Böses mit Bösem vergelten, sondern auf Hass mit Liebe antworten, auf Feindschaft mit Brüderlichkeit. Jedes andere Verhalten ist ein Zeichen von Schwäche und fehlendem Glauben an das Gute im Menschen."
(Jesus und Sai Baba, S. 415, Govinda Sai Verlag)

In der Bibel heißt es: *„Ihr habt gehört, dass gesagt ist: Du sollst deinen Nächsten lieben und deinen Feind hassen. Ich aber sage euch: Liebt eure Feinde und betet für die, die euch verfolgen, damit ihr Söhne eures Vaters werdet, der in den Himmeln ist."*
(Mt 5, 43–45)

JJK: Ist diese Praxis der Weg zum Weltfrieden?

JESUS CHRISTUS: Ich war bei euch, bin bei euch und ich bleibe bei euch, geliebte Menschen.

DIE ANTWORT AUF DEN HASS

Liebe deinen Nächsten wie dich selbst und liebe deine Feinde wie dich selbst. Antworte auf Hass mit Liebe und begegne deinen Feinden mit Mitgefühl. Tilge jeden Hass aus deinem Herzen, lass die Wut, den Zorn und die Eifersucht kommen und gehen.

Beobachte, was sich in deinem Inneren ereignet, wenn dir Unrecht widerfährt – und kehre immer in deine seelische Mitte zurück.

Ja, Jahn, das ist der Schlüssel zum Weltfrieden und es ist der einzige Schlüssel zum Weltfrieden!

Denn ***wer seine Feinde liebt und auf Hass mit Liebe anstatt mich Rache und Vergeltung antwortet, der sprengt die Ketten des Karmas und der verlässt die große, dunkle Ahnenreihe der Menschheit.***

Einer Menschheit, die dem Prinzip *„so wie du mir, so ich dir"* unterworfen war und die sich durch diesen Glaubenssatz direkt den dunklen Kräften unterstellt hat.

Es ist an der Zeit, diesen Pfad zu verlassen und grundlegend neue Wege zu beschreiten. Liebe ist alles, Liebe gibt alles, Liebe hat alles. Wer die Liebe im Herzen trägt und sie ausstrahlt, der verdient es, als Licht der großen Bruderschaft, der großen Schwesternschaft Gottes auf Erden bezeichnet zu werden.

JJK: Die Karmakette zu sprengen, das ist sehr einleuchtend. Wie ist es aber, wenn jemand seinen Feinden einfach nicht vergeben kann, wenn die Feindesliebe aufgrund des erlittenen Leides unmöglich scheint. Was kann dieser Mensch tun, um diese hohe Hürde zu meistern?

JESUS CHRISTUS: Den inneren Frieden in sich selbst und in Gott zu suchen – ehe der Hass und die Rachsucht, die tief in den Menschenherzen eingelagert sind, nicht weichen, bleibt auf Erden alles, wie es jetzt ist. Um euch dies zu vermitteln, bin ich damals zu euch gekommen und bin ich heute wieder unter euch.

In einer lieblosen Welt die Liebe zu leben, das ist eure Aufgabe.

Denn eine vom Hass zersetzte Menschheit, eine durch Rache angetriebene Gesellschaft, die sich immer auf die Vergangenheit beruft, hat keine Zukunft.

Erlösung heißt genau das – alle eure Bestrebungen bei eurer Transformationsarbeit sollten darauf ausgerichtet sein, Hass in Liebe umzuwandeln.

Damit sich die Energie der Vergebung und der Feindesliebe auf der ganzen Erde und zwischen allen Menschen ausbreiten kann, bedarf es des Einzelnen, der seinen Selbst- und Fremdenhass in seinem Herzen transformiert hat.

Geht diesen Weg unbeirrt weiter. Wer es versteht, wird es verstehen, alles andere braucht ihr nicht zu beachten.

GLAUBT AN DIE STÄRKE DER MENSCHEN

Glaubt an die Stärke der Menschen und an die Liebesfähigkeit der Menschheit!

Auch wenn die Menschheit von einem Krieg in den anderen taumelt und Frieden nur ein Wort ist, so liegt es an jedem Einzelnen von euch, dies zu verändern und die Energie zu drehen. Dies geschieht, indem ihr euch selbst über die Niederungen erhebt und indem ihr auf Hass die einzig wirksame Antwort gebt: Liebe.

Es gab keinen anderen Grund meiner Gegenwart unter euch und es gibt keinen anderen Grund eures Lebens auf dieser Welt. Denn jede Transformation beinhaltet am Ende die Verwandlung von Hass in Liebe und von Feindseligkeit in Geschwisterlichkeit.

Wahrlich, die Zeit, euch dieser Aufgabe zu stellen, ist reif. Frieden wird nur dadurch erlangt, wenn die Kette des Hasses gesprengt wird – und dies geschieht, indem ihr das euch implantierte Verlangen nach Vergeltung auslöscht.

JJK: Implantiert?

JESUS CHRISTUS: Von DER Rasse – die euch in die tiefe Finsternis hinunterzog – implantiert.

Entfernt und zerstört diese Implantate, indem ihr die Urquelle allen Lebens darum bittet und indem ihr Gott ersucht, an die Stelle dieser Programmierung das Licht der bedingungslosen Liebe zu setzen. Heilt in euren Meditationen und nutzt eure Transformationsarbeit dafür. Bittet und es ist euch gegeben. Erhaben ist der Mensch, dessen Herz frei von Rache ist und dessen Seele in irdischen Zeitaufnahmen die großen kosmischen Verflechtungen wahrnehmen kann.

Liebet und seid Menschen – denn erst dadurch seid ihr Menschen.

Große Veränderungen sind im Gange, doch die größte Veränderung findet in euren Herzen statt, dort, wo sich der alchemistische Prozess vollzieht, bei dem Hass in Liebe verwandelt wird.

Ordnet dieser Notwendigkeit alles unter und ihr selbst werdet mit der Menschheit sehr bald auf einer anderen Welt erwachen.

Ich liebe euch unendlich.
Ich bin euer ewiger Bruder.
Ich bin das Licht in der Finsternis.
Ich bin die Antwort auf den Hass.

Ich bin JESUS CHRISTUS

Versteckt euch nicht mehr,
sondern zeigt euer Gesicht.
Je mehr Menschen so vorgehen,
umso mehr könnt ihr erreichen.

BABAJI

INNERIRDISCHE UND AUSSERIRDISCHE INTERVENTIONEN AUF DER ERDE

GESPRÄCH MIT

BABAJI

TRUMP UND PUTIN SIND IM BILDE
MENSCHHEIT WIRD „FREIGESPIELT“
ZEIGT EUER GESICHT!

01. JULI 2019

JJK: Für mich ist es eine Tatsache, dass lichtvolle Inner- und Außerirdische im regen Austausch mit unseren Spitzenpolitikern stehen. Manche Botschaft, die ich in all den Jahren erhielt, weist darauf hin. Doch führen diese Kontakte allmählich zu einem Erfolg oder bringen diese kaum etwas - wie es auch in mancher Botschaft heißt?

BABAJI: Die geistigen Ebenen des Lichts geben niemals auf. Auf dieser Erde steht im planetaren wie im kosmischen Sinne für die ganze Menschheit zu viel auf dem Spiel, als dass sie sich selbst überlassen werden kann.

JJK: Das heißt, dass manche der derzeitigen Politiker durchaus im Bilde sind, was zum Beispiel die freie Energie betrifft oder was für die Freiheit der Menschheit grundsätzlich vonnöten ist?

TRUMP UND PUTIN SIND IM BILDE

BABAJI: Sie wissen es und wussten es immer.
Die Schwierigkeit dabei ist, sie vom Nutzen für alle zu überzeugen und davon, dass sie ihre Verträge mit den negativen Mächten auflösen.

JJK: Dennoch erkenne ich, wenn ich genau schaue, doch schon da oder dort Politiker, denen ich durchaus einen ganz anderen Weg zutrauen könnte.

Ist der derzeitige – von allen Seiten angefeindete – US-Präsident Donald Trump ein solcher?

BABAJI: Diese Wesenheit wird regelmäßig von außer- und innerirdischen Abordnungen kontaktiert. Vieles, was jetzt in Bewegung kommt, hat seinen Ursprung in diesen Begegnungen. Auch der russische Präsident Wladimir Putin wird von lichten Kräften unterstützt. Anders wäre es für beide Persönlichkeiten unmöglich, dem Druck der dunklen Fürsten standzuhalten oder die Kraft für die eigene Politik aufzubringen.

Menschen sind wahrlich einmalige Geschöpfe und wenn sie sich dem positiven Wirken verschrieben haben – umso mehr!

JJK: Manche Botschaft, die mir übertragen wurde, sagt auch aus, dass es einen langsamen Übergang in die Neue Welt, in ein neues System, geben wird – dies, damit so wenige Menschen wie möglich Dramen oder neue Traumata erfahren. Ist das damit gemeint?

BABAJI: Es ist die aktuell wahrscheinlichste Variante im Aufstiegsprozess. Denn eure Geschwister aus dem Licht haben entschieden, auf eure Bemühungen für eine friedvolle und lichte Welt angemessen und entschlossen zu antworten. Das Ende der Nichteinmischung ist wahrlich erreicht.

JJK: Ich habe ja in der Tat eine sehr klare Botschaft von ATOS erhalten. Sie trägt den Titel „Inner- und außerirdische Nichteinmischung ist aufgehoben!“[2] Dort heißt es:

„Von nun an beenden die lichtvollen Kräfte ihre Politik der NICHTEINMISCHUNG auf der Oberen Erde.
Warum jetzt und nicht schon eher?

Da heute die kritische Zahl von jenen Menschen, die sich vom dunklen Treiben abwenden und die die Fürsten der Finsternis nicht mehr auf der Erde haben wollen, erreicht ist.

Viele Menschen kamen hier ungewollt zum ‚Handkuss‘, wie ihr zu sagen pflegt, und heute ist der Tag, an dem bestimmte Interventionen der lichtvollen Mächte möglich werden, gekommen.

MENSCHHEIT WIRD ‚FREIGESPIELT‘

Atombomben werden nicht zünden, HAARP-Anlagen werden ausgeschaltet, Chemtrails unschädlich gemacht und manches mehr – dies immer bis zu dem Grad, der es der Menschheit ermöglicht, selbst das Geschick für den Wandel in die Hand zu nehmen.

Ihr werdet sozusagen ‚freigespielt', um euer kosmisches und menschliches Erbe auf dieser Erde antreten zu können.

Die Einladung, die einst von Menschen an die Fürsten der Finsternis aus einem anderen Sternensystem erging, war eine Einladung einiger Weniger und nicht der ganzen Menschheit! Hier gibt es keine kollektive Schuld, die zu verteilen wäre.

Wer also glaubte ‚mitgehangen, mitgefangen', der irrt und der darf diesen Irrtum heute berichtigen. Das Erwachen der Menschheit setzt sich mit großer Geschwindigkeit fort und mit der Unterstützung der lichtvollen Kräfte aus den inner- und überirdischen Reichen gewinnt die Heilung des Planeten eine neue Dynamik."

JJK: Diese „neue Dynamik" wird jetzt immer mehr spürbar für uns auf der Oberen Erde?

BABAJI: Es wird sichtbar, was lange hinter den Kulissen vorbereitet wurde, ja!

JJK: Werden die Kernkraftwerke geschlossen und bleibt uns 5G am Ende doch erspart?

BABAJI: Es laufen viele Bestrebungen, damit bestimmte Szenarien nicht die ganze Wucht entfalten.

Der Tag wird kommen und viele Menschen, die heute inkarniert sind, werden diesen Tag mitgestalten und erleben.

JJK: Es wird also alles gut ausgehen?

BABAJI: So unterschiedlich, wie die einzelnen Menschen sind, so unterschiedlich werden auch die Vorgänge auf der Erde wahrgenommen. Was für den EINEN der Aufstieg ist, wird für den ANDEREN Stagnation oder einen Abstieg bedeuten. Wesentlich ist, dass diese Erde insgesamt erhoben wird und die Menschheit zu bestimmten Teilen in eine neue Dimension des Seins auffahren kann. Die Bestrebungen, die der einzelne Mensch zu seiner Bewusstwerdung setzt, sind am Ende entscheidend.

JJK: Was können wir Menschen jetzt tun, um einen milden Übergang in die nächsthöhere Dimension bestmöglichst zu unterstützen?

ZEIGT EUER GESICHT!

BABAJI: Tretet mutig auf und setzt euch entschlossen für das Lichte und Positive, für Gerechtigkeit, Frieden und Freiheit ein. Überall, wo eurem Menschsein Schaden zugefügt werden soll, gilt es aufzutreten.

Versteckt euch nicht länger, sondern zeigt euer Gesicht. Je mehr Menschen so vorgehen, umso mehr könnt ihr erreichen.

Seid euch gewiss, jene Kräfte, die euch in Angst halten wollen, haben selbst große Ängste vor eurem Erwachen. Denn einem freien, wachen und mutigen Menschen, der nicht mehr „unter Vertrag“ steht, können diese Kräfte nichts mehr entgegensetzen. Sie sind nur stark, da sie euch schwächen und mit Ängsten beeinflussen. Habt ihr das erkannt und eure inneren Zweifel und Ängste überwunden und gelöscht, dann ist jeder einzelne von euch Menschen mächtiger als 100 Fürsten der Finsternis zusammen.

Dieses Wissen ist jenen, die euch bisher unterdrückten und ausbeuteten, bekannt. Nur deshalb werden die Methoden der Unterdrückung immer brutaler.

Immer mehr Menschen wachen auf, gleichzeitig werden die Mittel zur Manipulation immer ausgefeilter. Es herrscht ein Kampf zwischen lichtvollen und lichtlosen Mächten, zwischen einer lichtvollen und lichtlosen Technologie. Was euch jetzt zugemutet wird, ist ein letztes Aufbäumen derer, die wissen, dass sie das Spiel verloren haben. Sie wissen, dass sie ihre Macht an die Menschen, die als Bewahrer und Hüter der Erde auftreten, abgeben werden müssen.

Mit dieser Botschaft überbringe ich euch die freudige Nachricht, dass ihr in guten Händen seid und dass sich alles zum Guten wendet.

Ich liebe euch unendlich
BABAJI

Die Fremdbestimmung eines Menschen wird immer über ein falsches Ego veranlasst. Dies kann einen Menschen in den Wahnsinn treiben und es ist gut, dies zu begreifen, ehe es zu spät ist.

BABAJI

DAS GESUNDE EGO

GESPRÄCH MIT
BABAJI

WER DAS EGO TÖTET …
DAS FALSCHE VOM GESUNDEN EGO UNTERSCHEIDEN
MUSS DAS „FALSCHE EGO“ ZERSTÖRT WERDEN?
DIE ICHBEZOGENHEIT

15. JULI 2019

WER DAS EGO TÖTET ...

JJK: In vielen Botschaften, die ich erhalte, ist immer wieder die Rede davon, dass das Ego „zerstört", „gezähmt" oder „beherrscht" werden soll. Gibt es so etwas wie ein „gesundes Ego"? Schließlich kann uns das Ego dienen, solange wir uns davon nicht beherrschen lassen? Solange ich der Chef im Hause, heißt, in meinem Bewusstsein bin, geht doch vom Ego keine Gefahr aus - oder?

BABAJI: Ich segne jeden Menschen, der sich für diese Übertragung innerlich öffnet. Das „gesunde Ego" ist von großem Wert.

Gesund ist, was dich in deine Göttlichkeit bringt und wodurch du an dein ICH-BIN erinnert wirst. Ein gesundes „ICH" ist mit einem gesunden Ego gleichzusetzen - und dieses „ICH" gilt es wiederzuentdecken.

JJK: Das Ego also „abzutöten", ist falsch und hieße, das ICH auszulöschen?

BABAJI: Die Falle, in die viele Menschen gerne stolpern, ist eine Ich- oder Ego-Bezogenheit, die sie vom Göttlichen abtrennt. Dabei wird nur wahrgenommen, was dem „Ich", dem falschen Ego, dient - und alles Göttliche, das Geistig-Kosmische, wird außer Acht gelassen.

JJK: Wie können sich Menschen, die jetzt verunsichert sind, orientieren? Wann handelt es sich um das göttliche „ICH-BIN" und das überlebenswichtige Ego und wann ist das falsche Ego im Spiel?

DAS FALSCHE VOM GESUNDEN EGO UNTERSCHEIDEN

BABAJI: Immer, wenn die Motive des Menschen auf Lichtes und Liebevolles ausgerichtet sind, befindest du dich im ICH-BIN-BEWUSSTSEIN. Alles, was an deine niederen Instinkte appelliert, was aus Neid, Zorn, Hass, Eifersucht, Gier geboren wird oder der Angst zugrunde liegt, ist zu hinterfragen. Wem diene ich dabei und wie kann ich das berichtigen oder korrigieren.

Die Missverständnisse um das Ego entstehen, da sehr alte Glaubenssätze und Einweihungen wirksam sind und noch nicht erlöst wurden.

JJK: Wenn ich an meine vielen Leben im katholisch-kirchlichen Umfeld denke, dann ist es ja kein Wunder, dass mein Ego immer mein Feind und niemals mein Freund sein konnte. Es wird anderen Menschen wohl auch so ergehen?

BABAJI: Deshalb ist es von größter Dringlichkeit, die richtigen Zuordnungen zu erkennen, sie zu begreifen. Wenn in den Botschaften aus dem Licht, die dir übertragen werden, von der „Zerstörung des Egos" die Rede ist, dann ist von der „Zerstörung des falschen Egos" die Rede und nicht von dem Ich-Bin-Bewusstsein, ohne das kein Mensch er selbst sein kann!

JJK: Kommt dies auch immer klar genug zum Ausdruck?

BABAJI: Wer es verstehen will, der versteht es.

MUSS DAS „FALSCHE EGO" ZERSTÖRT WERDEN?

JJK: Gilt es das „falsche Ego", das vor lauter Ichbezogenheit das ursprünglich Menschlich-Göttliche ausblendet, zu zerstören? „Zerstören" ist ein radikaler Begriff, der wohl manchem Leser etwas Angst machen könnte?

BABAJI: Was falsch ist, was schädlich ist, was einen Menschen im Irrtum und in der Finsternis hält, muss an der Wurzel – also radikal – erkannt werden. Erst dann kann sich ein Mensch zu Höherem aufschwingen. Der Prozess des Erkennens beinhaltet unterschiedliche Methoden – und die „Zerstörung" oder „Vernichtung" ist eine davon.

Ein Feuer, das alles verbrennt, zieht neues Wachstum nach sich. Die Zerstörung ist oftmals das einzige Mittel, um Befreiung zu erlangen. Deshalb schreckt davor nicht zurück, alles, was falsch ist, als falsch zu erkennen und jede Energieform, die in eurem Leben keine Berechtigung hat, zu entfernen.

JJK: Viele Menschen, vor allem in der Esoterik-Welt, glauben, dass das Ego grundsätzlich etwas Böses sei, das vernichtet werden muss. Kann ein krankes Ego geheilt werden, sodass es gesund wird?

BABAJI: Jeder kranke Körperteil kann geheilt werden – und dies trifft auch auf geistig-seelische Bereiche zu. Nur jene Teile, die weder zum Körper noch zum Geist gehören, sollen nicht geheilt, sondern müssen erlöst oder zerstört werden.

Ego-Anteile, die von fremden Energien oder Wesenheiten gesteuert werden, müssen entfernt werden – und diese Krankheit ist weitverbreitet, da sehr viele Menschen ferngesteuert sind und ihr eigenes Leben nicht leben können.

Die Fremdbestimmung eines Menschen wird immer über ein falsches Ego veranlasst. Dies kann einen Menschen in den Wahnsinn treiben und es ist gut, dies zu begreifen, ehe es zu spät ist.

JJK: Für mich ist es seit geraumer Zeit selbstverständlich, dass ich meinem Ego viel Platz einräume – dem menschlichem „Ich", das ja auch wahrgenommen werden will.

Ich möchte sogar so weit gehen, dass ich sage: „Ein bestimmtes Maß an Ichbezogenheit ist gesund und überlebenswichtig!"

DIE ICHBEZOGENHEIT

BABAJI: Wer diese Ichbezogenheit versteht und schätzt und gleichzeitig in seinem Ich-Bin-Bewusstsein steht, der lebt in innerer Harmonie und die Gefahr, dass das Ego pervertiert, besteht nicht mehr. Die innere Balance herzustellen und alles Irdische in einem größeren Kontext zu sehen, erschafft den Raum für Wachstum.

Das Bewusstsein des Menschen ist erst klar und frei, wenn es von allen Überlagerungen befreit wurde. Dann begreifst du, was es mit dem Ego auf sich hat und wo die Grenze zwischen einem gesunden Ego und einem kranken Ich verläuft.

Dann ist jede Heilung möglich und du wirst zu den dafür notwendigen Mitteln greifen und immer die erforderlichen Werkzeuge finden.

Du bist und ich bin.
Gemeinsam sind wir eins.

BABAJI

Die Begegnung mit der Wahrheit
kann erst stattfinden, wenn
du bereit bist, dich für jede
Wirklichkeit zu öffnen.

MEISTER ST. GERMAIN

SIND ALLE REPTILOIDEN SCHLECHT?

GESPRÄCH MIT
MEISTER ST. GERMAIN

DAVID ICKE
SIND ALLE MENSCHEN SCHLECHT?
DAS MORPHOGENETISCHE FELD

08. AUGUST 2019

DAVID ICKE

David Icke ist für mich eine fixe Größe, was die Aufdeckung von dunklen reptiloiden Wesenheiten anbelangt. Die gestaltwandelnde Queen oder Archonten[3], die uns kontrollieren möchten, sind vielen Menschen erst durch die Arbeit von Icke ein Begriff geworden. Nun aber stellt sich für mich die Frage: Sind wirklich alle Reptiloiden schlecht und böse, so, wie sie von David Icke dargestellt werden? Ich kann mir das kaum vorstellen, schließlich gibt es in der unendlichen Weite des Universums unendlich viele Völker und ganz bestimmt auch sehr viele reptiloide Rassen, die dem Lichte zugewandt sind. Das ist irgendwie logisch für mich, doch bei David Icke sind alle Reptos schlecht. Was stimmt da und was ist eine Fehlannahme?

MEISTER ST. GERMAIN: In der Tat, hier wird großes Unrecht begangen. Durch diese einseitige Interpretation fürchten sich die Menschen und sie haben Angst, sich mit den innerirdischen und außerirdischen Völkern zu vereinen.

JJK: Ich habe mich schon des Öfteren gefragt, warum David Icke eigentlich so ungehindert die zugegeben wirklich dunklen Repto-Wesenheiten, von der englischen Queen abwärts, öffentlich so thematisieren kann.

Viele seiner Vorträge finden in London statt, sogar eine renommierte Londoner Universität stellte einmal ihre Räume zur Verfügung - im unmittelbaren Einzugsbereich der Queen und direkt vor ihren Augen.

Sie erlaubt das wohl deshalb, da sie genau weiß, welchen guten Dienst David Icke ihrer Spezies erweist, indem er alle Wesenheiten reptiloiden Ursprungs in einen Topf wirft und als böse und finster klassifiziert. Die Menschen fürchten sich dann vor jeder Spezies dieser Art, nehmen lichtvolle Reptos gar nicht erst wahr, da es denkunmöglich ist - und eine Kommunikation oder Begegnung kann niemals stattfinden. David Icke erreicht ja schließlich auch sehr viele Menschen.

MEISTER ST. GERMAIN: Es geschieht aufgrund von Begrenzungen im Bewusstsein. Deshalb ist es unerlässlich, dass der einzelne Mensch sein Bewusstsein stetig erweitert.

SIND ALLE MENSCHEN SCHLECHT?

Alle Wesenheiten und Völker, die eine reptiloide Genetik haben, in einen Topf zu werfen, nämlich in den bösartigen, ist für den Aufstiegsprozess wenig förderlich.

Es ist genauso wenig hilfreich, wie alle Menschen als „böse" oder „schlecht" zu klassifizieren, nur da eine bedeutende Anzahl von Menschen zweifelsfrei der dunklen Seite der Macht verfallen ist und vor Bösartigkeit nur zu strotzt.

JJK: Mir scheint, dass dieses Gespräch dazu dient, bei den Menschen gewisse Ängste zu lösen und sie auf die Wiedervereinigung mit unseren Geschwistern reptiloiden Ursprungs vorzubereiten.

MEISTER ST. GERMAIN: In dieser Galaxie existieren eine Vielzahl von unterschiedlichen Wesenheiten und Sternenvölkern. Sie unterscheiden sich sehr im Aussehen von euch Menschen und haben meist ein weitaus entwickelteres Bewusstsein als es die Menschen haben.

Doch solange die Menschen diesbezüglich Fixierungen haben, kann keine Begegnung stattfinden, da der Einzelne von euch aus Furcht das Weite suchen würde. Dies ist kontraproduktiv und daran wird jetzt durch Botschaften wie diese gearbeitet – ein Zustand, der korrigiert und in die richtige Relation gebracht werden muss, ehe diese Begegnung, die viele von euch sehnlichst erwarten, stattfinden kann.

JJK: Ich arbeite derzeit parallel zu diesem Buch am zweiten Teil von Telos: „Telos - Aufbruch nach Agartha"[4]. Darin wird die Vereinigung von Innerer und Oberer Erde auch immer thematisiert. Ist die Verblendung der Menschen der Grund, warum wir mit den Geschwistern der Inneren Erde noch nicht vereint sind?

MEISTER ST. GERMAIN: Verblendung, da ihr geblendet seid, Hochmut, da ihr euch selbst als Maßstab für alle heranzieht und Mangel an Bewusstheit, da ihr zu wenig ergründet, was ist. Ohne zu verallgemeinern - die meisten Menschen haben den Weg der Erkenntnis noch vor sich!

Dennoch gibt es allen Grund zur Freude, denn einzelne Menschen erwachen und das bringt alles in den Fluss.

DAS MORPHOGENETISCHE FELD

Der Prozess der Bewusstwerdung ist in vollem Gange. Das morphogenetische Energiefeld der Erde wird unaufhörlich mit neuen Impulsen angereichert - Impulsen der Erkenntnis, die Einzelne gewonnen haben und die durch das morphogenetische Feld der Erde für alle Menschen abrufbar und erreichbar sind.

Das wirkt sich auf den ganzen Prozess des Aufstiegs, der immer ein Prozess von Bewusstwerdung ist, positiv aus.

Dieser Vorgang beschleunigt sich, indem einzelne Menschen erwachen und sich selbst bewusst werden. Dass dies geschieht, steht außer Frage, und dass die kritische Masse erreicht wird, ist ebenso eine Tatsache, auf die ihr bauen könnt.

JJK: Das heißt, spirituelle Sucher, die sich viel mit anderen Rassen und den Reptos beschäftigen, sollten sich dafür öffnen, dass es auch gute, licht- und liebevolle Reptos gibt, solche, die uns wohlgesonnen sind?

MEISTER ST. GERMAIN: Je schneller sie zu dieser Erkenntnis gelangen, umso besser. Schließt niemals von EINZELNEN auf das GANZE oder auf ALLE. Gewiss, es gibt ganze Völker und Rassen, die der unlichten Seite zugewandt sind, doch zumeist gibt es in allen Bereichen Wesenheiten, die ganz andere Wege einschlagen und die aus ihrer Mitte herausragen. Was ihr für die Menschheit in Anspruch nehmt, das bitte ich euch, auch anderen Völkern, Kulturen und Rassen zuzugestehen.

Es existieren große Repto-Völker, die als Ganzes dem Lichte zugewandt sind und die die Einheit mit der Menschheit und mit Gott anstreben. Es gibt derer viele, die sich in Erscheinung und Lebensart ganz vom Menschen unterscheiden, die jedoch in ihrer inneren Liebesfähigkeit die meisten Menschen weit überflügeln.

Weitet euer Bewusstsein bei diesem Thema, betrachtet die Dinge, die in Bezug auf reptiloide Wesenheiten veröffentlicht werden, unter diesem neuen Licht.
Es wird euch selbst für die Begegnung öffnen und die Menschheit darauf vorbereiten.

Mit diesem Gespräch überlasse ich dich jetzt deinen eigenen Überlegungen und Erkenntnissen. Leuchte in deine eigene Welt und die äußere Welt wird sich dir offenbaren.

Die Begegnung mit der Wahrheit kann erst stattfinden, wenn du bereit bist, dich für jede Wirklichkeit zu öffnen.

Ich bin MEISTER ST. GERMAIN
Diener der Menschheit seit unserer ersten Stunde

Flüchte dich nicht in eine esoterische Welt, die mit dieser nichts zu tun hat. Dein Leben ist hier und jetzt. Wäre es anders, wärest du nicht hier.

MEISTER ST. GERMAIN

ES WIRD KEINEN 3. WELTKRIEG GEBEN!

GESPRÄCH MIT

MEISTER ST. GERMAIN

RUSSLAND UND IRAN SIND SCHLÜSSELSTAATEN
WLADIMIR PUTIN
DIE ZUKUNFT GESTALTET IHR TÄGLICH SELBST!
WAHRE SELBSTERMÄCHTIGUNG

11. AUGUST 2019

RUSSLAND UND IRAN SIND SCHLÜSSELSTAATEN

JJK: Ich habe einige Botschaften erhalten, die besagen, dass es keine atomare Zerstörung der Erde geben wird. Nun frage ich mich aber, wird es einen 3. Weltkrieg geben? Aktuell wird alles unternommen, um den Iran zu destabilisieren – und auch in Russland finden seit Tagen größere Demonstrationen statt. Es bedarf keiner „Verschwörungstheorie", um klar zu erkennen, dass die Globalisten, jene, die die EINE Weltregierung wollen, dies im Hintergrund stark betreiben. Eine „neue Ordnung" durch Chaos, heißt, ein Regimewechsel nach dem anderen – bis alle Staaten auf Kurs sind.
Dass das ein gefährliches Spiel ist und auch einen Weltkrieg auslösen könnte, ist unschwer zu erkennen. Welche Gewalt oder welche Verwerfungen werden hier tatsächlich zu sehen sein? Werden wir einen 3. Weltkrieg erleben?

MEISTER ST. GERMAIN: Es wird keinen 3. Weltkrieg geben. Auch wenn die Menschheit seit Jahren am Rande einer solchen Auseinandersetzung wandelt, so wird es dieses Szenario nicht geben.

Obwohl sich dies einige, die diese Welt nach ihren eigenen und dunklen Vorstellungen verändern wollen, wünschen – dazu wird es nicht kommen.

Die von dir angesprochenen Staaten, Iran und Russland, sind die beiden Schlüsselstaaten, um die es zur Erlangung der Weltherrschaft geht. Deshalb arbeiten jene Kräfte, die sich die Herrschaft über die ganze Menschheit sichern wollen, daran, diese Länder von innen heraus zu destabilisieren. Dies wird scheitern, da die lichtvolle Gegenoffensive sehr machtvoll ist und auf jede Provokation eine geeignete Antwort weiß.

WLADIMIR PUTIN

JJK: Das Verhalten von Russlands Präsident Wladimir Putin ist ja aus meiner Sicht mehr als besonnen. Er lässt sich einfach nicht provozieren und zeigt den Okkupanten immer die Grenzen auf. Auch der Iran verhält sich ja äußerst zurückhaltend. Dieser hat sogar, um jeder Eskalation vorzubeugen, das von den USA einseitig gekündigte Atomabkommen einige Monate lang weiter eingehalten. Was ich damit sagen möchte, ist, diese Länder wollen keinen großen Krieg und signalisieren der NATO und den USA gleichzeitig, dass sie – als letzte Option – dazu aber bereit sind und imstande wären, diesen auch zu führen. Die Waffenarsenale von Russland sind voll und auch der Iran ist nicht gerade unbewaffnet. Gleichgewicht durch Abschreckung – wie im Kalten Krieg – und indem man sich auf den Krieg vorbereitet. Ist etwas „dran" an dieser meiner These?

Oder wird jeder Krieg, auf den man sich vorbereitet, auch geführt?

MEISTER ST. GERMAIN: Russland – namentlich Wladimir Putin kennt seine Verantwortung und wird seiner Verantwortung voll gerecht.

JJK: Putin soll einmal gesagt haben: „Mit einer Pistole in der Tasche verhandelt es sich leichter!"

MEISTER ST. GERMAIN: Es ist die Frage, mit wem man verhandelt. Tatsächlich gibt es jetzt, wo die Erde in eine lichtere Schwingungsfrequenz eintritt, große Bestrebungen der dunklen Kräfte, dies zu vereiteln. Dies ist eine Unmöglichkeit, da der Umbau der Erde und die Transformation der Menschheit nicht nur irdischen Gesetzmäßigkeiten, sondern kosmischen Entwicklungen unterliegen. Es ist unumgänglich, dass sich jetzt die Spreu vom Weizen löst.

Während also den bisherigen Machthabern die Felle davonschwimmen, versuchen sie sich mit aller Kraft an ebendiesen festzuhalten. Dies erzeugt den Eindruck, es werde alles schlimmer – und bis zu einem bestimmten Teil ist diese Wahrnehmung auch richtig. Denn das Bösartige muss sich in seiner ganzen Absicht zeigen, damit sich die Menschen, die die Dinge grundsätzlich nicht durchschauen, dem Guten zuwenden können.

Es ist also durchaus angemessen, während dieser Auseinandersetzung mit Werkzeugen zu arbeiten, die von bestimmten Parteien auch verstanden und akzeptiert werden.

JJK: Kein 3. Weltkrieg also – aber Konflikte wird es geben und gibt es ja seit Jahrzehnten überall.

MEISTER ST. GERMAIN: Alle Konflikte spiegeln die derzeitige Unruhe auf diesem Planeten. Was du zwischen den Völkern wahrnimmst, trifft auch auf den Planeten Erde selbst zu. Auch dieser ist dabei, sich zu transformieren, und die großen tektonischen Umbrüche stehen noch bevor.

JJK: Heißt das, dass wir sehr bald schon ganz andere Sorgen haben werden als einen Regimewechsel oder den Bevölkerungsaustausch? Denn die Migrationskrise in Europa ist genau das, auch wenn die Mainstreammedien diesen Begriff als „Rechts-Rhetorik" verunglimpfen.

MEISTER ST. GERMAIN: Die Energie baut sich auf. Dabei werden die Entscheidungen der Menschen berücksichtigt.

Das ganze Ausmaß der Umbrüche ist immens, doch die Wucht der Veränderungen könnt ihr selbst bestimmen.

JJK: Entweder ein milder Verlauf oder etwas heftiger?

DIE ZUKUNFT GESTALTET IHR TÄGLICH SELBST!

MEISTER ST. GERMAIN: Seit Jahren zirkulieren viele Prophezeiungen, die ein recht düsteres Bild von der Zukunft der Menschheit malen. Ich sage euch, diese Bilder werden, auch wenn sie damals - als die Hellseher sie erhielten - zutreffend waren, laufend korrigiert.

Die Zukunft gestaltet ihr täglich selbst. Es gibt in diesem Sinne keine feststehende Zukunft, sondern nur eine Zukunft, die sich durch eure Entwicklung und die Entscheidungen, die ihr trefft, täglich verändert. Das ist zugleich der Schlüssel dafür, dass es keinen 3. Weltkrieg geben kann. Denn die Zukunft für dieses Ereignis existiert für diese Erde nicht mehr.

Gleichwohl wird es weiterhin viele extreme Krisen geben und es wird sich die Erde aus dieser Energiedichte herausheben - was nicht unbemerkt bleiben kann.

JJK: Sollen oder können wir uns darauf vorbereiten?

MEISTER ST. GERMAIN: Die beste Vorbereitung ist die tiefe Anbindung an Gott oder das göttliche Licht. Dann wirst du immer zur rechten Zeit am richtigen Ort sein.

WAHRE SELBSTERMÄCHTIGUNG

Seid euch gewiss, innerhalb und außerhalb der Erde stehen euch große und mächtige Wesenheiten und Völker bei. Ihr seid nicht alleine, doch handelt so, als wäret ihr es. Übernehmt die Verantwortung für die Zukunft dieses Planeten und dieser Menschheit – und beginnt bei euch selbst! Übernehmt die volle Verantwortung für euer Leben – das ist die Basis, auf der die neue Menschheit entsteht. Das ist die wahre Selbstermächtigung.

Flüchte dich nicht in eine esoterische Welt, die mit dieser nichts zu tun hat. Dein Leben ist hier und jetzt. Wäre es anders, wärest du nicht hier.

Du bist Mensch, um dich als solcher zu erfahren. Lebe dein Leben in tiefer Verwurzelung auf dieser Erde und in konstanter Anbindung an das Göttliche. Vereine oben und unten, erlange deine Mitte und du bist für diese Zeit bestens gerüstet.

Ich stehe dir bei, wie ein Bruder einem Bruder und wie eine Schwester einer Schwester beisteht. Ich leite dich an, wie ein Vater seinen Sohn und eine Mutter ihre Tochter anleitet.

Ich bin MEISTER ST. GERMAIN

Aus der Angst heraus in die Liebe zu gelangen – das ist der wirkliche Paradigmenwechsel, der jetzt auf dieser Erde stattfindet.

MAHA CHOAN

LIEBEN HEISST, EINE ENTSCHEIDUNG ZU TREFFEN

MAHA CHOAN

WARUM SUCHST DU, WAS DICH UMGIBT?
DIE GNADE DEINER GEBURT
DIE SPÄTER-MEDITATION
BLICK DES ADLERS
DIE JETZT-MEDITATION
AM ENDE DES TAGES IN LIEBE SCHWINGEN
MEISTERSCHAFT HEISST, ZU LIEBEN

18. AUGUST 2019

WARUM SUCHST DU, WAS DICH UMGIBT?

Ich bin das Leben, ich bin der Weg, ich bin die Liebe.
Ich bin das Licht, ich bin Anfang und Ende.

Ich bin amtierender MAHA CHOAN und ich bin eins mit der Menschheit und mit jedem Menschen.

Ich bin mitten unter euch und ich bin bei dir.

Geliebter Mensch,

beende die Suche nach dem Licht oder nach Gott. Wie kannst du etwas finden wollen, was dich überall umgibt. Öffne daher einfach deine Augen, öffne daher einfach dein Bewusstsein und öffne daher einfach deinen göttlichen Geist.

Jedoch alles, was so einfach scheint, ist für die meisten Menschen schwer. Deshalb wollen wir jetzt einfach alles in Bewegung setzen, damit du dem Paradies näher und näher kommen kannst.

Anzukommen bei dir selbst und das Leben als das, was es ist, zu begreifen, das ist das Ziel unserer jetzigen Bewusstwerdung. Dabei ist es von großer Bedeutung, dass du dein Leben als Geschenk und nicht als Strafe erlebst.

DIE GNADE DEINER GEBURT

Du bewohnst diesen Körper, da dir die Gnade einer irdischen Inkarnation zuteilwurde, und nicht, da du zu einem Strafdienst auf Erden verurteilt bist. Die Gnade deiner Geburt besteht darin, dass du hier alles erfahren kannst, was dir als Engel unmöglich zu erfahren ist, und dass du hier all das bewirken kannst, was dir als Engel unmöglich zu bewirken ist.

Auf dieser Ebene gibt es Leben, das, so es gelebt wird, in der Fülle unübertroffen ist. Denn ein Mensch kann gleichwohl auf feinstofflicher wie auf feststofflicher Ebene erschaffen. Ein Mensch schöpft wahrlich aus dem Vollen.

Auch wenn du viele Umwege eingeschlagen hast und manchmal auf Abwege geraten bist, eine Inkarnation auf dieser Erde ist unübertroffen im Sein, denn nur auf dieser Ebene ist es einem Wesen möglich, sich selbst als absolut begrenzt und als absolut unbegrenzt zu erfahren.

Deshalb ist es heute bedeutsam, dass du die Begrenztheit ablegst, dass du dich von der Maus-Perspektive zur Adler-Perspektive aufschwingst, dass du alles, was sich jetzt auf dieser Erde ereignet, aus übergeordneter Sicht betrachtest, aber dennoch an den Ereignissen auf der Erde lebhaft teilhast, dass du deinen Platz unter den

Menschen ausfüllst, dein Licht zum Leuchten bringst und es nicht länger verbirgst.

Auf dem Weg dahin gilt es zweierlei zu erreichen: das Friedensreich in dir und die Liebe zu allem, was existiert.

Dann bist du bereit für die Meisterschaft und dann erhält der Begriff der Selbstermächtigung seine wahre Bedeutung.

Geliebter Mensch,

verstärke deine Bestrebungen aufzuwachen. Lass dich von den Umständen nicht beeindrucken, sondern gehe deinen Weg. Sei beharrlich, dort, wo dir von Unwissenden Sturheit attestiert wird.

Bleibe im inneren Frieden, auch wenn sich die Unruhe immer mehr ausbreitet und ***achte darauf, dass dir die Liebe niemals abhandenkommt, denn sie ist die Meisterin aller Menschen in dieser Zeit.***

Woran kannst du erkennen, ob du das Friedensreich schon erlangt hast – oder ob es für dich noch zu erlangen ist? Beantworte dir diese Frage: Kann ich in einer lauten Umgebung innerlich in der Ruhe, in der Stille, im Frieden bleiben?

Wie stark beeinflusst mich die Umgebung und wie leicht kann sie mich aus der Ruhe bringen?

Da dies bei den meisten Menschen noch gut möglich ist, lege ich dir die „SPÄTER-MEDITATION" ans Herz, die dich dem Friedensreich in dir näher und näher bringt.

DIE SPÄTER-MEDITATION

Begib dich in die Stille, so, wie du es für deine Meditationen gerne tust. Dann entspanne dich und beobachte deine innere Unruhe, deine Gedanken und alles, was jetzt innerlich aufsteigt. Zu jeder Erscheinung, gleich wie bedeutsam sie dir auch erscheinen mag, sage: SPÄTER! Steige auf nichts ein und lass alles an dir vorüberziehen. Beschäftige dich mit keinem deiner Gedanken oder inneren Bilder: SPÄTER, SPÄTER, SPÄTER!

Das bewirkt, dass du die Flut der Gedanken beruhigst und innerlich still wirst.

Diese praktische Übung ist neben deiner Transformationsarbeit der sicherste Beitrag, um das Friedensreich in dir zu etablieren. Denn ***nur, wenn du in einer sich immer schneller drehenden Welt langsam und bei dir bleibst, wirst du den Überblick behalten und deine Liebesfähigkeit entwickeln können.***

Um deine Liebesfähigkeit geht es in allen Belangen deines Lebens!

DER BLICK DES ADLERS

Womit wir beim Blick des Adlers angelangt sind. Der Wahrnehmung des Adlers entgeht nichts. Unberührt von dem, was unten am Boden geschieht, zieht er am Himmel seine Kreise. Ein Adler lässt sich nicht von dem, was unten in irgendeinem Gestrüpp passiert, anstecken, sondern entscheidet souverän, welche Angelegenheit er zu der seinen macht. Ein Adler überblickt die ganze Szene und hetzt nicht wie eine Maus, die um das Überleben kämpft, von da noch dort.

Die Perspektive vieler Menschen ist die einer Maus oder die eines Frosches. Sie lassen sich von der Umgebung antreiben und für sie ist jedes Ereignis, Anlass zu reagieren.

Anstatt in Frieden das Ganze zu sehen und eine übergeordnete Wahrnehmung einzunehmen, huschen oder hüpfen sie von da nach dort – und kommen dennoch niemals an. Es sind Eigenarten, die für Maus und Frosch lebenswichtig sind, doch für einen Menschen ist solch ein Verhalten wenig zielführend.

Wenn du dich über jedes und jeden gerne aufregst, wenn du dich im Getriebe der Welt selbst als Getriebener fühlst oder wenn du glaubst, dir geht es so, wie die anderen es wollen, dann bis du hier richtig und dann ist es an der Zeit, dies jetzt zu ändern.

Auch dafür lege ich dir eine einfache wie wirkungsvolle Meditation an dein Herz:

DIE JETZT-MEDITATION

Begib dich in die Stille, so, wie du es für deine Meditationen gerne tust. Dann entspanne dich und beobachte deine Gedanken und inneren Bilder, die jetzt aufsteigen. Nimm deine innere Unruhe, deine Ängstlichkeit und alles, was sich dir zeigt, wahr und sei bereit, dies JETZT zu ändern. Entscheide dich, eine neue Perspektive einzunehmen.

Visualisiere einen Berg, der in Nebelwolken eingehüllt ist. Steige diesen Berg empor – Schritt für Schritt. Du gehst durch den Nebelschleier hindurch und stehst im Lichte. Jetzt breitet sich das ganze Tal vor dir aus, der Nebel ist weit unter dir, du hast den Überblick.

Diese Übung, wiederholt durchgeführt, verändert deine Alltagswahrnehmung und es wird dir langsam möglich sein, auch in schwierigen, alltäglichen Situationen die übergeordnete Sicht zu erlangen.

Als dritten und letzten Teil dieser Botschaft lenke bitte deine ganze Aufmerksamkeit auf die Liebe. Hast du das Friedensreich in dir erlangt und die Adler-Perspektive eingenommen, dann hast du die besten Voraussetzungen dafür, um alles, was ist, bedingungslos anzunehmen und bedingungslos zu lieben.

Diese Menschheit bedarf der Liebe einzelner Menschen – einer Liebe, die sich auf alle Menschen ausdehnt, die niemanden ausschließt und alle Menschen erreicht.

Wie aber meine Feinde lieben – oder jene, die großes Unrecht begehen, fragt ihr?

Indem ihr es versucht! Indem ihr die Augen weder vor der Tat noch vor dem Täter verschließt. Lehnt die Tat ab, doch nehmt den Täter durch eure Liebe auf. Am Ende des Tages ist es die Liebe, auf die es ankommt.

AM ENDE DES TAGES IN LIEBE SCHWINGEN

Die neue Menschheit wird nicht auf Vergeltung, sondern auf dem Fundament der Vergebung aufgebaut – und dafür ist die Liebe vonnöten, eine Liebe, die die Not

lindert, die dem Unrecht ohne Rache begegnet und der Lieblosigkeit Barmherzigkeit entgegenbringt.

Aus der Angst heraus in die Liebe zu gelangen – das ist der wirkliche Paradigmenwechsel, der jetzt auf dieser Erde stattfindet.

Doch die meisten Menschen bohren Löcher in alte Bretter und glauben fälschlicherweise, dass sie dadurch das Goldene Zeitalter mitgestalten können. Jetzt, da sich die großen karmischen Verstrickungen auf planetarer wie individueller Ebene entladen, um sich lösen zu können, gilt es die Liebe in deinem Herzen zu kultivieren.

Dafür benötigst du den übergeordneten Blick auf das Ganze, denn nur aus einer ganzheitlichen Perspektive heraus ist es dir möglich, dort zu lieben, wo die Angst herrscht und wo dir Hass entgegenschlägt.

Zu lieben, heißt, eine Entscheidung zu treffen – und diese Entscheidung beinhaltet den festen Willen, alles, was dich daran hindert, aus deinem Leben zu verbannen.

Damit schließt sich der Kreis unserer heutigen Bewusstseinsarbeit in der Gnade Gottes.

Nachdem du das Friedensreich in dir erlangt und den übergeordneten Blick auf das Ganze verinnerlicht hast, bist du bereit dafür, was bedeutet, dass du dich zu allen Menschen und allen Situationen in Liebe bringst.

Am Ende eines Tages in Liebe zu allem, was ist, zu schwingen, ohne dabei das Negative zu verdrängen, ist das Ziel für die Menschen, denen der Wandel ein echtes Anliegen ist und die die Bedeutung ihrer Inkarnation erfasst haben.

MEISTERSCHAFT HEISST, ZU LIEBEN

Durch die Liebe gelangst du in die Meisterschaft, ohne Liebe bleibt alles stehen und auch du selbst bleibst in der Entwicklung stecken.

Die verwirklichte Liebe ist es, die dir die Tür in das Paradies weit öffnet - eine Tür, die du nirgendwo auf der Welt zu suchen brauchst, da sie allein in dir zu finden ist.

Die Fähigkeit der bedingungslosen Liebe kann erworben werden. Dieser Bewusstseinszustand ist kaum jemandem in die Wiege gelegt, doch es ist das Ziel eines jeden Menschen, diesen am Ende seiner Reise auf Erden zu erlangen.

Für viele Menschen kommt diese Zeit zu anderer Zeit, für dich aber, der du dieser Botschaft bis hierher gefolgt bist, ist es JETZT so weit.

Die Spiegelungen deines Lebens erinnern dich so lange an die Liebe, bis du sie verinnerlicht hast und bis du im Spiegel nichts mehr erblickst.

Jetzt kommt es darauf an, inneren Frieden zu erlangen, eine übergeordnete Perspektive einzunehmen und das Bewusstsein zur bedingungslosen Liebe aufzuschwingen.

Darauf beruht deine ganze Entwicklung und damit ist der Aufstieg der Menschheit verbunden.

Das Paradies wird allein durch deine Entscheidung für die Liebe erworben. Warte auf niemanden, sondern blicke dich um: Gibt es nicht genug Gründe, um zu lieben, und ausreichend Menschen, bei denen du deine Liebesfähigkeit erproben und unter Beweis stellen kannst?

Ich liebe dich unendlich
MAHA CHOAN

Das gedeihliche Zusammenwirken von Russland, Deutschland, Österreich und der Schweiz ist die Basis für den Weltfrieden. Das ist die Zukunft, die von den EINEN sabotiert und von den ANDEREN forciert wird. Dieser Kampf ist jetzt in vollem Gange.

SANANDA

DONALD TRUMP, XI JINPING, WLADIMIR PUTIN

GESPRÄCH MIT
SANANDA

AMERIKA MIT DONALD TRUMP
CHINA MIT XI JINPING
RUSSLAND MIT WLADIMIR PUTIN
DEUTSCHLAND IN DER BEWUSSTLOSIGKEIT

21. AUGUST 2019

AMERIKA MIT DONALD TRUMP

JJK: Wer ist Donald Trump wirklich?

SANANDA: Ich bin bei dir, Jahn, und ich bin bei allen Menschen, die in meiner Gegenwart ihre spirituellen Flügel entfalten wollen.

JJK: Mich beschäftigt diese Frage insofern, dass ich den 45. Präsidenten der Vereinigten Staaten von Amerika sehr widersprüchlich wahrnehme. Einerseits beginnt er keine neuen Kriege mehr, tritt offensiv gegen die Pädophilen-Elite auf, schafft die Impfpflicht in den USA weitgehend ab, stoppt, soweit ich weiß, auch die finanziellen Förderungen für das Geo-Engineering (keine Chemtrails mehr?!) oder stellt sogar die Freie Energie in den Raum. Andererseits geht ihm die Freundschaft mit Israels Regierung – ungeachtet deren Verbrechen als Betreiber des weltgrößten Freiluft-Konzentrationslagers in Gaza – über alles. Auch mit dem Iran läuft es wenig rund. Trump kündigt einseitig das Atomabkommen und droht mit zuverlässiger Regelmäßigkeit in Richtung Teheran. Russland bekommt sowieso regelmäßig den Schwarzen Peter von Trumps Administration und zugleich verlegen die USA immer mehr Kriegsgerät an die russische Grenze. NATO-Manöver im Baltikum sind längst Usus und das flächenmäßig größte Land der Erde ist in der Tat umzingelt.

Auch dass Donald Trump die Todesstrafe für bestimmte „Hassverbrechen“ bundesweit wieder einführen will, lässt aufhorchen. Welche Aufgabe hat dieser Präsident und was macht ihn wirklich aus?

SANANDA: Diese Wesenheit hat die Aufgabe übernommen, den völligen Absturz seines Volkes aufzufangen. Es gilt eine Basis für einen so weit als möglich milden Übergang in die Neue Zeit zu legen.

Die Vereinigten Staaten vom Amerika beginnen damit, sich wieder auf sich selbst zu besinnen. Dabei werden sie mit ihrem Karma konfrontiert. Dies ist ein unumgänglicher Vorgang und erfordert jetzt völlig neue Maßnahmen. Die alte Elite, die sich über Jahrhunderte durch Verbrechen Land und Macht sicherte, ist dabei, sich selbst auszulöschen. Der Präsident, der jetzt die Zügel in der Hand hält, beschleunigt diese Entwicklung.

Hier ist es wichtig, eine übergeordnete Perspektive einzunehmen. Wir leben in einer Zeit des Übergangs – von der unlichten Welt in die lichte Welt. Deshalb steigen jetzt an vielen Orten die geeigneten und dafür vorgesehenen Anführer in bestimmte Positionen auf. Widersprüchlich ist in dieser Zeit alles, was noch nicht einer eingehenden und übergeordneten Betrachtung unterzogen wurde. Aus übergeordneter Sicht erfüllt diese Wesenheit exakt ihre Aufträge.

JJK: Das heißt, in gewissem Sinne ist Donald Trump ein Eisbrecher?

SANANDA: Alte Strukturen kommen jetzt zum Vorschein. Diese Wesenheit richtet die Aufmerksamkeit dahin, wo bisher ein großer Mangel an Licht herrschte. Dennoch muss eine Wesenheit, die heute im politischen Spektrum aktiv ist, energetisch dafür geeignet sein – und das bedeutet, auf gewisse Weise selbst noch Teil des alten Systems zu sein. So sind die vielen „Ausbrüche" dieser Wesenheit zu deuten.

JJK: Manchmal reagiert der US-Präsident ja wie ein Kind. Erst neulich war Trump über das klare Nein zum Verkauf von Grönland derart verärgert, sodass er trotzig seinen Staatsbesuch in Dänemark absagte. Ziemlich kindisch, oder?

SANANDA: Es ist der Handlungsmodus und Verhandlungsmodus dieser Wesenheit. Hier mischen sich unerlöste Themen der Kindheit, das verletzte innere Kind, mit eingelernten geschäftlichen Strategien. Dies führt sehr oft zu seltsamem Verhalten und es wirkt wenig souverän.

Insgesamt seid euch gewiss, diese Wesenheit erfüllt seine Aufträge und sie steht selbst nicht in dem tiefen Sumpf, der jetzt trockengelegt wird.

CHINA MIT XI JINPING

JJK: Mich beschäftigt natürlich auch Xi Jinping, der Staatspräsident der Volksrepublik China. Für mich ist das der klassische Wolf im Schafspelz. China wird mittels 5G-Technologie zum totalen Überwachungsstaat ausgebaut, der Westen nimmt sich ein Beispiel und wirft sich diesem Staat an die Brust.

Auch die Verfolgung von Falun-Gong [5], wobei Zwangsarbeit, Folter und unfreiwillige Organentnahmen (Organraub) ausgeübt werden, ist ein abschreckendes Beispiel eines durch und durch unmenschlichen Regimes – und Xi lächelt dazu wie ein sanfter Buddha. Welche Rolle spielt diese Wesenheit und spielt China insgesamt in diesem Wandel?

SANANDA: Auch diese Wesenheit erfüllt in dieser Zeit eine wichtige Rolle und übt ein dementsprechend bedeutsames politisches Amt aus. Grundlegend ist, dass China derzeit eine sehr dunkle Aspektierung aufweist.

In China wird die Zukunft, die in Europa immer mehr Menschen zurückweisen, umgesetzt.

Kontrolle, Überwachung, Manipulation und Entmenschlichung werden durch Technologie und Ideologie verwirklicht.

China dient allen Staaten der Erde als negatives Beispiel dafür, wohin die Allmacht einiger Weniger und ein unbeseelter Technologieglaube führen können.

JJK: Ja, für Europa ist China vor allem wegen der Hochtechnologie das Vorbild Nr. 1, dass in der Provinz Sichuan, im Südwesten des Landes, mittlerweile die Pflanzen von Menschen bestäubt werden, scheint niemanden zu kümmern. Dort gibt es nämlich keine Bienen mehr und ohne die „menschlichen Bienen" gäbe es auch kein Obst. Für mich ist China die größte Diktatur auf der Erde und wird dennoch derart hofiert.

SANANDA: Aufgrund der wirtschaftlichen Macht, die von China faktisch ausgeht, ist das gar nicht anders möglich. In der Zeit des Übergangs lösen sich gewisse Abhängigkeiten nach und nach auf, doch es wird nicht sofort überall licht. Die Auflösungsprozesse sind im Gange und Teil dieser Vorgänge ist es, dass sich bestimmte Situationen in bestimmen Ländern zuspitzen.

Es muss in allen Bereichen eine bestimmte Schmerzgrenze erreicht werden, damit sich weitere Menschen dem Erkenntnisweg öffnen können.

Diese „Widersprüchlichkeit der Zeit" gilt es wahrzunehmen, damit die richtigen Zuordnungen möglich werden.

RUSSLAND MIT WLADIMIR PUTIN

JJK: Und Russlands Präsident Wladimir Putin?

SANANDA: Der Fels in der Brandung und das Licht für Europa! Diese Wesenheit ist berufen, die Dinge im Lot zu halten und Deutschland dann, wenn es sich selbst besinnt, beizustehen. Russland weiß um die Bedeutung des deutschen Volkes und der deutschen Nation – und deren Präsident ist sich seiner Verantwortung, um mit Deutschland eine lichtvolle Zukunft auf Erden einzuläuten und einzuleuchten, voll bewusst.

Das gedeihliche Zusammenwirken von Russland, Deutschland, Österreich und der Schweiz ist die Basis für den Weltfrieden. Das ist die Zukunft, die von den EINEN sabotiert und von den ANDEREN forciert wird. Dieser Kampf ist jetzt in vollem Gange.

JJK: Hat Deutschland schon die Talsohle erreicht?

DEUTSCHLAND IN DER BEWUSSTLOSIGKEIT

SANANDA: Deutschland befindet sich derzeit in der Bewusstlosigkeit. Es hat seine Identität vergessen und verloren. Doch die Menschen werden sich wieder erinnern und sie wird wiedergefunden werden.

Viele helle und inspirierte Geister, Menschen aus Fleisch und Blut, arbeiten an der Auferstehung Deutschlands. Die Talsohle ist erreicht, doch noch haben sich nicht alle Auswirkungen dieses Zustandes gezeigt. Auch hier ist es gut, den übergeordneten Blickwinkel einzunehmen. Aus dieser Perspektive gibt es genug Grund zur Freude.

Die deutsche Sprache wird genauso wenig vergehen wie die Deutsch sprechenden Völker – und durch die Einheit mit Russland, dem großen slawischen Bruder, wird ein langer Frieden auf Erden etabliert.

JJK: Wird dies nach den großen Umbrüchen – Polverschiebung oder dergleichen – geschehen?

SANANDA: Diese Umwälzungen sind Teil dieses Wandels. Alle Ebenen sind davon betroffen. Jede Veränderung zum Positiven und Lichtvollen – auf der hier dargelegten gesellschaftspolitischen Ebene – basiert auf planetaren und kosmischen Ereignissen, die kein Mensch direkt beeinflussen kann. Auf der Grundlage von Fakten, die die Erde verändern und Gott erschafft, ereignet sich die große Transformation der Menschheit – einer Menschheit, wie es sie noch nie zuvor gegeben hat und die mit der heutigen nichts mehr gemein hat. Die Menschheit wird nicht wiederzuerkennen sein und ihr selbst werdet euch nicht wiedererkennen.

Alles gedeiht und drängt dem Lichte entgegen. Bleibt euch selbst treu und euren Aufgaben ergeben. Für alles Weitere ist gesorgt!

Gott selbst nimmt die größten Bürden von der Welt und hebt die schwersten Lasten von deinen Schultern.

Ich liebe dich unendlich
SANANDA

Dein Schatten braucht das Licht,
damit er sich auflösen, und dein
Herz braucht die Liebe,
damit es heilen kann.

MAHA CHOAN

„DRUCK DER QUELLE“

MAHA CHOAN

„DRUCK DER QUELLE“
EINE KLARE ENTSCHEIDUNG TREFFEN

25. AUGUST 2019

Zeit der Umkehr, Zeit des Wandels, Zeit der Bewusstwerdung – Zeit für dich!

Heute kannst du beobachten, dass immer mehr Menschen Schwierigkeiten mit den derzeit hereinfließenden kosmischen Energien haben. Diese hohen Frequenzen sind eine Aufforderung, alles, was noch unterbelichtet ist, in das Licht zu rücken. Dieser Notwendigkeit verschließen sich viele Menschen und sie meinen, ohne fundierte Heilungsarbeit am Vorgang des Aufstiegs teilhaben zu können.

Jetzt ist es an der Zeit, diese Heilenergien und die einmalige Gelegenheit für die Bewusstwerdung zu nutzen, das bedeutet, die vielen Angebote zur Klärung anzunehmen.

Doch viele schlafen weiter und wollen diese Zeit im Tiefschlaf überbrücken. So ist es nun so weit, dass die Quelle allen Lebens diese Menschen wachrüttelt, sie aufweckt, damit sie in die Spur des Lebens finden können.

Wie ereignet sich dieses „Wachrütteln“?

Durch massive Einschnitte im Leben. So werden die Menschen, die es betrifft, mit Umständen konfrontiert, die ein neues Denken und neues Handeln unausweichlich machen.

„DRUCK DER QUELLE“

Dieser „Druck der Quelle“ wird sich in den kommenden Monaten verstärken, denn unter den Schlafenden befinden sich viele Menschen mit maßgeblichen Aufträgen und es gilt diese Menschen in ihre Kraft zu bringen.

Die Zeit der Kompromisse endet an diesem Punkt und sie endet jetzt.

Beobachtet weiter und ihr werdet feststellen, dass auch die „Mächtigen dieser Welt“ mit bisher ungekannten Schwierigkeiten zu kämpfen haben. Jene Menschen, die das Rad der Zeit bisher fest in ihren Händen hielten, werden jetzt mit ihren Absichten und Taten konfrontiert.

Die Offenlegung von Geheimnissen ist jetzt im Gange und dabei tun sich wahre Abgründe auf.

So ist bei allen Menschen die Zeit der bedingungslosen Klärung gekommen. Nur die Menschen, die sich auch jetzt noch dem konsequent verschließen, werden im eigentlichen Sinne des Wortes erstarren, auf andere Weise erweckt und zu anderer Zeit wiedergeboren werden.

EINE KLARE ENTSCHEIDUNG TREFFEN

In diesem Tagen fährt der Zug in das Licht für die Einen ab, während die Anderen auf den Weckruf Gottes antworten, indem sie sich bewegen und das Licht in ihr Leben einlassen, bis es seine heilende Wirkung verrichtet hat.

JJK: Braucht es dafür einen Meister, der die Heilungen vornimmt oder vermittelt?

MAHA CHOAN: Ich sage dir: ***Wenn du wirklich bereit bist, dich selbst zu verstehen und deine Verletzungen zu heilen, dann bewegt sich das Leben in diese Richtung und alles gelangt auf wundersame Weise zu dir.***

Von Bedeutung und gleichzeitig die Bedingung ist, dass du eine klare Entscheidung für deine Heilung triffst.

Das ist eine Zeit der Entscheidung, die Zeit der Wahl. Lass dir von niemandem einreden, du könntest zwei Herren gleichzeitig dienen oder auf zwei Pferden gleichzeitig reiten.

Als freier Mensch hast du die Möglichkeit, dich klar zu entscheiden – und die Entscheidung für das Licht oder für die Finsternis kann heute nicht mehr aufgeschoben werden.

Blicke daher weniger auf das, was sich in der Welt ereignet, sondern vor allem darauf, was sich in dir selbst abspielt.

Erinnere dich, besinne dich, werde bewusst. Dein Schatten braucht das Licht, damit er sich auflösen, und dein Herz braucht die Liebe, damit es heilen kann.

MAHA CHOAN

Ihr seid Bewahrer und Schöpfer,
ihr seid Menschen und Götter,
ihr seid Seelen von
unermesslicher Größe.

DIE AUFGESTIEGENEN MEISTER

MACHTWECHSEL AUF ERDEN

DIE AUFGESTIEGENEN MEISTER

SEID TAPFER UND FÜRCHTET EUCH NICHT!

05. SEPTEMBER 2019

Alle Maßnahmen, die die dunklen Kräfte derzeit ergreifen, dienen allein dafür, den Aufstiegsprozess der Erde zu blockieren und das Erwachen der Menschen zu verzögern.

Lasst euch davon nicht beeindrucken, denn das Licht siegt, das Licht hat bereits gesiegt, auch wenn dieser Sieg auf dieser Ebene der Zeit noch errungen werden muss.

Wir sind bei euch und eine unüberschaubare Schar von Meistern des Lichts, von Wesenheiten purer göttlicher Liebe, umgibt den lebendigen Planeten der Liebe:
die Erde.

SEID TAPFER UND FÜRCHTET EUCH NICHT!

Durchschaut die wahren Intentionen jener, die sich gegen ihre Ablöse stemmen. Durchschreitet diese Zeit im Bewusstsein, dass ihr es seid, die jetzt für die finalen Umbrüche Sorge tragen. Auf jeden Menschen, der sein Bewusstsein dem Lichte öffnet, kommt es jetzt an, vom göttlichen Lichte berührt und geheilt zu werden, heißt, in seine schöpferische Macht zu gelangen.

Dann ist jeder Machtmissbrauch ausgeschlossen und der Machtwechsel auf Erden – von der lichtlosen auf die lichtreiche Ebene – kann vollzogen werden.

Fürchtet euch niemals vor eurem Lichte, sondern nehmt jede Erleuchtung als Geschenk an und lasst das Licht gewähren, bis ihr vollständig durchlichtet seid. Alles wird sichtbar – in euch und auf der Welt. Diese Zeit ist wahrlich angebrochen:

- Es wird sichtbar, dass keine Manipulation, mag sie auch noch so geschickt ersonnen sein, auf Dauer zu halten ist.
- Es wird sichtbar, dass ihr göttliche und unbegrenzte Wesen seid.
- Es wird sichtbar, dass diese Wesen in Menschengestalt jetzt die Geschicke auf der Erde übernehmen.

Ihr seid Bewahrer und Schöpfer, ihr seid Menschen und Götter, ihr seid Seelen von unermesslicher Größe.

Werdet euch dessen bewusst und bleibt euch dessen bewusst, dann wird diese Zeit wie Regentropfen an euch abperlen und als wunderbare Erinnerung, als einmaliges Abenteuer eines Engels, in die allwissende Chronik allen Lebens aufgenommen werden.

Erfüllt, wofür ihr gekommen seid, setzt euch ein als Hüter der Erde und als Schöpfer einer neuen Zeit – des Goldenen Zeitalters.

Wir sind die AUFGESTIEGENEN MEISTER

Wir sind ewiglich mit euch verbunden und die Diener dieser Menschheit.

In tiefer Liebe bleiben wir bei euch, bis alles getan ist – von euch und durch euch, von dir und durch dich – und mit unserem Beistand.

DIE AUFGESTIEGENEN MEISTER

Das spirituelle Licht aus der ZENTRALEN SONNE erreicht die Erde und die Menschen, gleich ob es jemandem gefällt oder nicht. Es gibt keine Möglichkeit, diese Involution der Menschheit zu verhindern.

MEISTER ST. GERMAIN

DIE MACHT DER NACHT

GESPRÄCH MIT
MEISTER ST. GERMAIN

TAGAKTIV ODER NACHTMENSCH? WAS MACHT DEN UNTERSCHIED?
UMDEUTUNG VON BEGRIFFEN
NEUAUSRICHTUNG DURCH SCHWINGUNGSFELDER
REGIEREN UNS BIOROBOTER
PUTIN BEGINNT UM 11 UHR MIT DER ARBEIT
FÜR DAS GÖTTLICHE BRENNEN

05. SEPTEMBER 2019

TAGAKTIV ODER NACHTMENSCH? WAS MACHT DEN UNTERSCHIED?

JJK: Ich bin sehr nachtaktiv. Da arbeite ich gerne, da finde ich Ruhe und Stille. Doch die Welt ist ganz auf Tagesbeschäftigung ausgerichtet. Bereits der frühe, tägliche Schulbeginn trainiert unsere Kinder auf das frühe Aufstehen, auf das Fitsein am Morgen. Mit der Sonne aufstehen und mit dem Mond schlafen gehen! Ist das für den Menschen – für alle Menschen – gut und das richtige Modell? Müssen die Abendmenschen umdenken? Läuft bei mir etwas schief oder verkehrt? Ich habe auch gelesen, dass jede politische Entscheidung, die in der Nacht getroffen wird, einen positiven Charakter aufweist. Ist dies der Grund, warum unsere Politiker immer nur tagsüber von Termin zu Termin hetzen? Die Resultate sprechen ja für sich.

Spannend ist auch, dass es in der slowenischer Sprache (das ist meine zweite Muttersprache) eine Redewendung gibt: *„Noč ima svojo moč!"*
Auf deutsch: *„Die Nacht hat ihre Macht (Kraft)!"*
Diesen Ausspruch verwendete meine Mama oft als Warnung, wenn sie wollte, dass ich nicht zu lange draußen bleibe. Vor allem, bevor es finster wurde, sollten wir Buben immer daheim sein. Natürlich war uns Kindern das Versteckenspielen am Abend ein reines Vergnügen.

Doch die mit dieser Redensart verbundene Angst meiner Mama spüre ich jetzt noch, wenn ich mich zurückerinnere – auch hier eine verkehrte Drehung – Angst, anstatt Vertrauen und Liebe, anstatt die Schönheit und den Zauber der Nacht zu begrüßen, vor Furcht zu erstarren und alles Schlechte in die Nacht hineinzuinterpretieren.

UMDEUTUNG VON BEGRIFFEN

MEISTER ST. GERMAIN: Die Umdeutung von Begriffen und das Erzeugen von Ängsten, dort, wo Liebe ist, war das Mittel der dunklen Herrscher, um ihre Herrschaft über die Menschheit zu erreichen und diese zu erhalten. Dabei ließ man die Menschen gerne im Unwissen. Denn nur das Unwissen garantierte diese Macht. Die Nacht hat in der Tat eine positive Macht für den, der sie zu nutzen weiß.

JJK: Jetzt fällt mir auch ein, dass Karl und ich sämtliche Entscheidungen – den Lichtweltverlag betreffend – immer in der Nacht diskutierten und trafen.

MEISTER ST. GERMAIN: Die himmlischen Wesenheiten offenbaren sich dem Menschen bevorzugt in der Nacht. In der Nacht ist ein „Durchkommen" von lichten Kräften viel leichter und die Menschen, die dafür offen sind, können uns leichter wahrnehmen.

Es herrschen ganz andere energetische Bedingungen dafür als während des Tages. Auch Entscheidungen, die während der Nachtstunden getroffen werden, sind meist positiv. Dies hat mit der energetischen Ladung der Nacht zu tun und mit der Schwingung, die vom Mond ausgeht. Diese Frequenzen sind für den Durchblick, für Entschlossenheit und für eine klare Wahrnehmung sehr förderlich.

JJK: Das heißt, wieder einmal wird etwas Gutes in das Gegenteil verkehrt, indem man die Angst vor der Nacht schürt. Dazu passend ist ja auch der Bibelspruch: *„Selig die Armen im Geiste, denn ihnen gehört das Himmelreich."* Seither glauben ja Millionen von Christen, dass sie sich dumm stellen müssten.

MEISTER ST. GERMAIN: Auch hier wirkt die falsche Interpretation – die, die nichts wissen, die Dummen also? Nein, die im Geiste Armen sind die, die sich nicht durch ihren Verstand und ihr Ego vom Göttlichen abbringen lassen, die, die einen direkten Zugang zur Quelle haben. Es sind die Gnostiker [6] unter den Menschen. Doch dies hielt man von euch fern und so herrschten das Unwissen und der Irrtum, Angst und Freudlosigkeit.

JJK: Auch der geläufige Ausspruch *„Morgenstund hat Gold im Mund?"* weist ja dann in die falsche Richtung.

MEISTER ST. GERMAIN: Wer „morgen-aktiv" ist, der soll es auch bleiben. Hier geht es darum, ein tieferes Verständnis für Manipulationen zu entwickeln. Je mehr ihr darüber wisst, desto freier seid ihr.

JJK: Für mich, der ich nachtaktiv bin, ist dies eine wirklich sehr erleichternde Tatsache. Manchmal habe ich geglaubt, dass mit mir etwas nicht stimmt, da ich meist – abgesehen von Ausnahmen – gegen Sonnenuntergang spirituell aktiv und kreativ werde. Am Abend finde ich die Stille, die ich für meine Arbeit brauche. Aber auch die Inspiration fliegt mir am Abend leichter zu als während des Tages. Eigentlich läuft ja bei uns auf der Oberen Erde derzeit alles verkehrt?

MEISTER ST. GERMAIN: Alles, was nicht in der göttlichen Ordnung schwingt, wird jetzt offenbar.

NEUAUSRICHTUNG DURCH SCHWINGUNGSFELDER

Die Menschen erhalten die Gelegenheit, sich auf den natürlichen Klang und die natürliche Schwingung, auf die Taktung des Planeten und die Frequenz Gottes wieder einzustellen. Es ist eine Neuausrichtung, die jetzt im Gange ist. Dabei werden der Menschheit völlig neue Schwingungsfelder zugänglich.

Diese existieren auf einer Ebene, die von niedriger schwingenden Energiefeldern nicht zu erreichen ist, das heißt:

Das spirituelle Licht aus der ZENTRALEN SONNE erreicht die Erde und die Menschen, gleich ob es jemandem gefällt oder nicht. Es gibt keine Möglichkeit, diese Involution der Menschheit zu verhindern.

JJK: Vorwärts zu unseren Wurzeln, zur Natur und Natürlichkeit, das heißt, in Zukunft werden politische Treffen eher in den Nachmittag verlagert?

MEISTER ST. GERMAIN: Nachdem das derzeitige Prinzip von „TEILE UND HERRSCHE" seine Wirkung verliert, wird eine völlig neue politische Struktur und Kultur etabliert. Fragt euch selbst: Wie können Menschen, die rund um die Uhr wie Maschinen funktionieren müssen, gesunde und lichtvolle Entscheidungen treffen? Es ist eine Unmöglichkeit!

Viele stehen dies nur deshalb durch, da sie zu Teilen eine Maschine, ein Bioroboter sind. Menschen in hohen politischen oder wirtschaftlichen Funktionen halten das meist nicht lange durch. Menschen sind keine Automaten und brauchen, um kreativ sein zu können, ein dementsprechendes Umfeld. In der Politik oder der Wirtschaft ist ein solches Umfeld nicht gegeben.

Ganz im Gegenteil, hier kommt es darauf an, zu funktionieren wie eine Maschine, anderenfalls wird man ausgetauscht. Dafür braucht es ein bestimmtes „Betriebssystem", dann kann eine Wesenheit in dieser kaltherzigen Umgebung überleben.

REGIEREN UNS BIOROBOTER?

JJK: Das heißt, wir werden von Robotern regiert?

MEISTER ST. GERMAIN: Eine sehr große Anzahl hat eine innere Ausstattung, die durch eine begrenzte Wahrnehmung und eine unnatürlich hohe Frustrationstoleranz gekennzeichnet ist. Sie funktionieren, da sie zu funktionieren haben, und es liegt ihnen die dementsprechende „Genetik" zugrunde.

PUTIN BEGINNT UM 11 UHR MIT DER ARBEIT

JJK: Interessant ist ja, denn das habe ich mal wo gelesen, dass Russlands Präsident Wladimir Putin nicht vor 11 Uhr Vormittag mit seinen Amtsgeschäften beginnt. Davor ist Pause – schwimmen und dergleichen mehr. Das ist für mich ein erneuter Beweis, dass Putin nicht zur dunklen Fraktion gehört. Stimmt das so?

MEISTER ST. GERMAIN: Große Aufgaben verlangen viel Umsicht und auf die Aufgabe zugeschnittene Maßnahmen.

Diese Wesenheit verkörpert das Licht mitten in der Finsternis – und diese hat es sich zur Lebensaufgabe gemacht, das ursprünglich Russische zu bewahren. Mit Hinblick auf die zukünftige Rolle Russlands und Deutschlands im kosmischen Plan für die Erde ist sich diese Wesenheit ihrer Verantwortung für jetzt und für die Zukunft voll bewusst.

Dies erfordert einen Tagesablauf, der für die meisten beseelten Menschen unvorstellbar wäre.

Ja, es ist ein ganz bewusster Ansatz nicht vor 11 Uhr mit der Arbeit zu beginnen – und dieser Ansatz täte den meisten Politikern sehr gut.

JJK: Für mich ist eigentlich 14 Uhr ideal, ab da komme ich langsam in die Gänge.

MEISTER ST. GERMAIN: Jeder Mensch findet seinen Rhythmus. Wichtig ist nur, dass es die Möglichkeit dafür gibt. Derzeit ist die ganze Menschheit der Lohnsklaverei untergeordnet. Auch dies ist im Begriffe, sich zu wandeln. Das Ende dieser oktroyierten Zwangsarbeit kommt schneller, als ihr es euch heute noch vorstellen könnt.

Die Veränderungen auf diesem Gebiet sind bereits sichtbar.

JJK: Sind also klassische Morgenmenschen falsch „programmiert"?

MEISTER ST. GERMAIN: Nein.

Nicht falsch, sondern durch die gesellschaftlichen Vorgaben können die meisten Menschen nicht feststellen, was sie wirklich sind. Die Frage ist: Was geschieht, wenn ein jeder Mensch die Freiheit hat, in der Früh lange auszuschlafen? Erst danach kann ein Einzelner für sich selbst wirklich bestimmen, wann er sein Tag- oder Nachtwerk beginnt und ob für ihn selbst die Morgenstunde wirklich Gold im Munde führt.

FÜR DAS GÖTTLICHE BRENNEN

JJK: Ich denke jetzt an die Aussaat am Felde oder das Einbringen der Ernte. Ist dafür der Tag oder der Abend besser?

MEISTER ST. GERMAIN: Die nährenden Kräfte des Mondes bei der Aussaat und bei der Ernte wirken zu lassen – dieses Wissen gelangt jetzt wieder zu euch.

JJK: Ich denke hier an Anastasia und die wunderbaren Bücher von Wladimir Megre [7] oder auch an die Buchreihe der Bücher von Thalus von Athos, hier wird sehr viel wertvolles Wissen vermittelt. [8]

MEISTER ST. GERMAIN: Immer mehr Quellen tun sich auf und vermitteln den Menschen das ursprüngliche Leben in Anbindung an die Natur und an Gott.

Es ist wahrlich eine einmalige Zeit, in der wir leben und in der Tag für Tag mehr Menschen für das Licht und das Göttliche brennen.

Mit diesem Gespräch lade ich jeden Menschen dazu ein, seinen Geist für das Neue zu öffnen, damit Vergessenes erinnert und Verrücktes zurechtgerückt werden kann.

Oben ist unten – der Himmel wird auf der Erde errichtet.

Ich liebe dich unendlich
MEISTER ST. GERMAIN

JJK:

Aber am Geld scheitert es ja bei so vielen Menschen.

MAHA CHOAN:

Nein, nicht am Geld. Es scheitert daran, dass sie zuerst auf das Geld fokussieren – anstatt die vielen kleinen oder größeren Blockaden, die diesen Mangel verursachen, zu betrachten.

WO BLEIBEN GELD, GESUNDHEIT UND FÜLLE?

GESPRÄCH MIT
MAHA CHOAN

DU MANIFESTIERST UND NICHTS MANIFESTIERT SICH!
DER SEELENPLAN IST DIE BASIS
KARMA WIRD AUFGELÖST UND FÜLLE ERSCHAFFEN
DIE STRASSE ZUR ERLEUCHTUNG MUSS FREI SEIN

10. SEPTEMBER 2019

DU MANIFESTIERST UND NICHTS MANIFESTIERT SICH!

JJK: Mich beschäftigt seit einiger Zeit die Frage: Wie ist es möglich, dass viele Menschen, die ich kenne, andauernd ein besseres Leben, mehr Geld oder gute Gesundheit manifestieren wollen, dass aber nichts davon wirklich eintrifft? Es heißt ja, wenn du positiv bist und eine Resonanz dazu aufbaust, dann stellt sich das ein – aber bei vielen – nichts! Nun habe ich den Gedanken, dass dahinter ein weitaus mächtigeres Prinzip wirkt. Worum geht es und warum ist das so?

MAHA CHOAN: Ich bin bei dir, geliebter Mensch, damit du mit mir eine neue Perspektive einnehmen kannst.

In der Tat, ihr seid die Schöpfer und ein jedes Wesen ist für sich selbst verantwortlich. Dies ist grundlegend und darauf baut jede Inkarnation, gleich auf welcher Ebene, auf – nun zu deiner Beobachtung und deinen Rückschlüssen, die du daraus ableitest.

DER SEELENPLAN IST DIE BASIS

Es gibt in der Tat eine Kraft, die ist grundlegender als jedes bewusste Bestreben eines Menschen, der auf der Erde seinen Begrenzungen unterworfen ist.

Es ist der Seelenplan, der vor der Geburt bestimmt wird. Dieser liegt jedem Wesen, das auf der Erde verkörpert, zugrunde – und auf dieser Basis wird ein Leben gelebt und es finden die dafür erforderlichen Ereignisse statt.

JJK: Das heißt, unsere Leben sind vorbestimmt?

MAHA CHOAN: Wenn sich ein Mensch von seiner Seele führen lässt, wenn eine intakte Verbindung zur eigenen Seele besteht, dann ja! Anderenfalls wird am Seelenplan vorbeigelebt und es manifestieren sich gänzlich andere Dinge als „geplant". Die Zukunft wird immer in der Gegenwart bestimmt. Wer sich seines Seelenplans gegenwärtig ist, kreiert exakt das, was er sich vorgenommen hat zu erschaffen. Ein solches Leben ist erfüllt und leidet keinen Mangel.

JJK: Warum aber leiden so viele Menschen unter dem Mangel an Fülle?

Da meine ich jetzt vor allem Geld und Wohlstand in einem Ausmaß, sodass ein menschenwürdiges Leben möglich wird. Manche dieser Menschen leben nach meinem Dafürhalten durchaus ein erfülltes und dem Seelenplan entsprechendes Leben. Eine zweite Frage: Warum stellt sich diese Fülle auch bei jenen, die darum bitten, die Affirmationen sprechen und sonst noch was dafür tun, einfach nicht wirklich ein?

Ich kenne viele Menschen, bei denen es so ist. Etwas blockiert ...

MAHA CHOAN: Auch hier wirken die tiefer liegenden Gründe. Ein Mensch der grundsätzlich auf seinen Seelenplan ausgerichtet ist, zieht alles an, was ihm dafür dient. Das kann die Fülle sein oder aber zunächst auch noch eine Erfahrung im Mangel. Eine Erfahrung im Mangel wird in diesem Falle vollständig gelebt. Erst danach beginnen Affirmationen zur Rückerlangung von Wohlstand zu greifen. Deshalb braucht es bei manchen Menschen eine gewisse Zeit, bis sich die erwünschten Ergebnisse einstellen.

JJK: Ich denke jetzt an mich und an den Verlag. Auch bei uns geht es ja seit Jahren zwar stetig, jedoch sehr langsam, finanziell aufwärts. Dies wird wohl nicht nur bei uns so sein und viele Menschen, die dies jetzt lesen, betreffen?

KARMA WIRD AUFGELÖST UND FÜLLE ERSCHAFFEN

MAHA CHOAN: Hier ist noch eine weitere kosmische Gesetzmäßigkeit zu beachten: das Karma. Heute leben die Menschen in einer Zeit, in der große Karma-Linien aufgelöst werden.

Auch dies trägt dazu bei, dass sich manche Dinge erst beizeiten und nicht sofort manifestieren. Es ist jedoch zu beobachten, dass sich bei nahezu allen Menschen, die sich mit der Aktivierung von Fülle befassen, langsam etwas Wohlstand einstellt und sich der eigene Zugang zur Fülle verändert.

Fülle bedeutet mehr als Geld und Wohlstand. Freude und Glück, Liebe und Mitgefühl werden genauso als Er-Füllend erlebt. Geld und Wohlstand sind dann willkommene Nebenerscheinungen, die sich von selbst einstellen.

JJK: ***Aber am Geld scheitert es ja bei so vielen Menschen.***

MAHA CHOAN: ***Nein, nicht am Geld. Es scheitert daran, dass sie zuerst auf das Geld fokussieren – anstatt die vielen kleinen oder größeren Blockaden, die diesen Mangel verursachen, zu betrachten.***

Das alleinige Rezitieren von Affirmationen ist zwar hilfreich, um eine bestimmte Schwingung zu erreichen oder zu halten, um eine Absicht klarzumachen. Jedoch wer seine inneren Blockaden nicht betrachtet und auflöst, dem kann das, was er sich wünscht, nicht zufallen. Innere Blockaden, Verträge, Armutsgelübde oder karmische Verflechtungen sind die Hürden, die es zu erkennen und zu entfernen gilt.

Hat sich eine Seele vorgenommen, damit in diesem Leben zu beginnen, dann beginnt sich alles umzustellen. Es geschieht zunächst langsam, aber es geschieht – und die meisten Menschen, die unserem Gespräch folgen, haben dies auf die eine oder andere Weise bei sich selbst schon erlebt.

JJK: Es heißt ja auch, wenn wir Freude haben, schwingen wir höher und sind dadurch von niedrigen Energiefeldern nicht mehr zu erreichen. Freude soll der größte Schutz vor Mind-Parasiten wie den Archonten [3] sein.

DIE STRASSE ZUR ERLEUCHTUNG MUSS FREI SEIN!

MAHA CHOAN: Verwirklichte Freude, ja, und verwirklicht heißt, dass alle diesbezüglichen inneren Blockaden entfernt wurden.

Die Straße zur Erleuchtung muss frei sein. Es reicht nicht aus, sich nur auf dieser Straße zu befinden. Es geht darum, alles, was ein Vorankommen blockiert, zu entfernen.

Die Innenschau ist entscheidend. Dann kommt Bewegung in ein Leben und es bewegt sich alles mit dir und deinen Absichten mit.

JJK: Zuerst also Transformationsarbeit betreiben, dann ergibt sich alles von selbst.

MAHA CHOAN: Von selbst und vom Selbst aus. Jeder Mensch hat sich in diesem Leben etwas vorgenommen und ein jeder ist bestrebt, dies auch umzusetzen. Auch wenn viele Menschen „fremdbesetzt" oder „übernommen" sind, so läuft dieses innere Seelenprogramm tief im Inneren eines jeden Menschen unberührt weiter, so lange, bis der Mensch sich eines Tages erinnert und besinnt.

Ein Mensch wird am Ende immer das Licht wählen, auch wenn er sich während seiner vielen Leben immer wieder für die Finsternis entscheidet.

JJK: Wie also beim Kreieren umgehen? Einfach Geduld haben?

MAHA CHOAN: ***Damit sich dein Lebensplan erfüllt, gilt es zweierlei zu haben:***

1) ***den Willen auf deinen Seelenplan hinzublicken und***
2) ***den Willen, die Straße dahin befahrbar zu machen.***

Wer nur seine Lippen bewegt, im Inneren aber unbeweglich bleibt, dessen Seelenwünsche bleiben unerfüllt. Wer das versteht, hat das Prinzip des Manifestierens verstanden.

Lege die Mäntel, die dich nicht mehr kleiden, ab, räume die Straße, auf der du nicht vorankommst, auf und blicke auf das, was ist, hin, damit du das, was sein soll, erreichen kannst.

Ich bin in unendlicher Liebe bei dir,
MAHA CHOAN

Erst wenn ein Mensch
ohne Wenn und Aber eine
Entscheidung trifft,
kommt alles in Bewegung.

MAHA CHOAN

TIERE, PFLANZEN UND DÄMONEN

GESPRÄCH MIT
MAHA CHOAN

WARUM SICH DUNKLES SO LANGE HALTEN KANN!
WANN ENTFALTEN SYMBOLE DIE GRÖSSTE MACHT
BELASTUNGEN TIEREN UND PFLANZEN
ÜBERGEBEN
DER SCHMIED SEINES GLÜCKES SEIN

15. SEPTEMBER 2019

WARUM SICH DUNKLES SO LANGE HALTEN KANN!

JJK: Negative Energie ist heute ein großes Thema! Wie mit dunklen Anhaftungen oder Dämonen umgehen?

MAHA CHOAN: Angstfrei und souverän!

JJK: Klingt einfach, ist es das auch?

MAHA CHOAN: Ja, wenn ihr es euch bewusst macht und ausreichend Vertrauen in eure eigene Kraft habt.

Vertraue deinem Lichte, deiner inneren Kraft und der Macht einer klaren Absicht – eines klaren durch dein Bewusstsein erteilten Auftrages – und alles kann geschehen.

JJK: Warum halten sich dunkle Energien oder Dämonen – die den Menschen schwächen, da sie sich von den menschlichen Energien ernähren – so lange? Viele Menschen sprechen Verfügungen oder Anrufungen, nehmen an Heilseminaren teil, tragen Heilamulette und dergleichen mehr, aber nichts ändert sich.

MAHA CHOAN: Eine zu geringe Fokussierung, ein zu geringer Wille und die Angst, alte Lebensgewohnheiten aufzugeben oder Menschen vor den Kopf zu stoßen, wirken unterbewusst mit. Daher kommen viele Prozesse, die eine unbedingte Kompromisslosigkeit erfordern, nicht in Gange.

JJK: Das heißt, die Menschen wollen zwar neugeboren werden, aber sich selbst nicht verändern – alles neu haben zu wollen, das Alte aber nicht aufgeben zu können.

MAHA CHOAN: Geliebter Mensch, wie willst du in das Licht, das keinen Schatten wirft, treten, wenn das Schattenreich dein Zuhause bleiben soll? Bei jeder Manifestation entscheidet eine klare und kompromisslose Absicht über das Gelingen.

Solange der Kompromiss gelebt wird, solange du Ängste davor hast, Altes aufzugeben und von Gewohnheiten abzulassen, kannst du von gar nichts befreit werden. Deine Absicht ist zu lau, dein Bewusstsein zu trüb und dein Wille zu schwach. Erst wenn ein Mensch ohne Wenn und Aber eine Entscheidung trifft, kommt alles in Bewegung.

Das auf eine ganz natürliche und leichte Weise, denn ***bewegst dich erst du, bewegt sich alles mit dir mit.*** Dann reichen Verfügungen aus, dann ordnest du an und es geschieht ganz einfach.

WANN ENTFALTEN SYMBOLE DIE GRÖSSTE MACHT

JJK: Gibt es neben den vielen Schutz- und Heilungsmöglichkeiten, wie den Symbolen aus dem Erbe von Atlantis, die dem Lichtweltverlag seit Jahren regelmäßig übertragen werden [9], noch weitere Möglichkeiten, uns zu schützen und uns zu zentrieren? Denn vor allem darum geht es ja, dass ein jeder Mensch er selbst und bei sich selbst bleibt.

MAHA CHOAN: Die Symbole aus dem Erbe von Atlantis sind eine wirksame Hilfestellung für die negativen Energiefelder dieser Zeit.

Wendet sie an und wendet sie in dem Bewusstsein an, dass sie euch dann am besten dienen, wenn ihr bereit seid, euer Leben wirklich selbst in die Hand zu nehmen. Wenn ihr kompromisslos bereit seid, euer Leben vollständig zu ändern, dann ist die Wirkung am größten. Wenn du diesen Grad von Bereitschaft erreicht hast, dann wird dir gegeben. Dann erreichen Symbole, Anrufungen und Verfügungen eine gänzlich andere Wirkung, als bei jemandem, der bei seiner Transformation lau ist und der seine Bewusstwerdung nur halb betreibt.

BELASTUNGEN TIEREN UND PFLANZEN ÜBERGEBEN

Für Menschen, die sich ganz ihren Heilungen hingeben, gibt es auch die Möglichkeit, bestimmte Themen, Belastungen und Dämonen den Tieren oder Pflanzen zu übergeben. Viele Tiere haben die Eigenschaft, dies tun zu können, und sie warten nur darauf, dass ihr das veranlasst. Auch die Pflanzenwelt teilt diese Belastungen dann unter sich auf und so trägt eure Umwelt das mit, was euch aufgebürdet wird.

JJK: Ist das nicht eine neue Tierquälerei?

MAHA CHOAN: Es existieren Dinge zwischen Himmel und Erde, die der Menschheit heute noch unbekannt sind. Es sind Gesetzmäßigkeiten, die jetzt wieder in euer Bewusstsein rücken. Hunde, zum Beispiel, übernehmen gerne alte Lasten der Menschen. Ihnen macht das nichts aus und sie teilen sich diese in der kollektiven Seele auf. Auch Katzen aller Arten lieben es, für Menschen bestimmte Plätze oder innere Konflikte zu entstören. Warum glaubt ihr, haben so viele Menschen das Bedürfnis nach einem Haustier? Dies ist mit ein Grund, denn gemeinsam tragen sich schwere Lasten leichter.

Nein, das ist keine Tierquälerei!

Tierquälerei ist, wenn ihr durch eure Fremdbesetzungen einen Umgang mit den Tieren pflegt, der jeder Beschreibung spottet. Tierquälerei ist, wenn ihr die Tiere als „Nutzvieh" bezeichnet und sie auch so behandelt.

Tierquälerei ist, wenn ihr die Tiere das ganze Leben lang drangsaliert, nur um sie am Ende zu töten und zu verspeisen.

Eine lebendige und liebevolle Kooperation mit euren Tiergeschwistern und dem Pflanzenreich ist etwas ganz anderes.

So wie Mann und Frau – in einer gesunden Verbindung – gemeinsam die Lasten tragen, so tragen Pflanzen und Tiere, die euch umgeben, gerne jene Lasten, die auf eurer Seele liegen, mit. Sie warten nur darauf, euch etwas abnehmen zu können.

JJK: Machen die Tiere das nicht ohnedies von selbst?

MAHA CHOAN: Ja, wenn auf Seelenebene die Erlaubnis dafür gegeben wurde. Es ist weitverbreitet, dass viele Menschen ihre Lasten gerne behalten möchten und ihre Dämonen und Fremdbesetzungen nicht hergeben wollen.

Die meisten Menschen täuschen ihre Transformationsabsicht vor.

Jeder Mensch, der von Transformation oder von Veränderung spricht, insgemein aber darauf bedacht ist, dass sein Leben unverändert bleibt, ist gemeint. Wer die Veränderung immer beim Anderen reklamiert, selbst aber unverwandelt bleibt, ist gemeint. Niemand kann dir etwas abnehmen, was du nicht hergeben möchtest – und dass sich deine Lippen bewegen, spielt hier keine Rolle, da auf der Seelenebene eine wahre Absicht sofort erkannt wird.

JJK: Aber heißt es nicht, dass man niemandem etwas abnehmen soll, dass ein jeder selbst der Schmied seines Glückes ist?

DER SCHMIED SEINES GLÜCKES SEIN

MAHA CHOAN: Abzunehmen heißt, einen Menschen bei seinen Heilungen mit Liebe zu unterstützen – Abzunehmen dort, wo die Bereitschaft zur Heilung gegeben ist und zwar bedingungslos – und nicht dort, wo Menschen nur abladen möchten, um sich auf Kosten anderer eine kurze Erleichterung zu verschaffen. Das sind zwei Ebenen, die unterschieden werden müssen.

Ein Kind, das das Laufen lernt, wird oftmals von den Eltern aufgerichtet, bewältigt das Laufenlernen am Ende jedoch selbst, aus eigener Kraft und Anstrengung. Es sind die vielen Unterstützer und Unterstützungen, die ein Menschenleben und die Menschenfamilie bereichern, jedoch nur dann, wenn der Einzelne zunächst selbst bereit ist, für sein Glück alles auf die Waagschale des Lebens zu legen.

Dieses Gespräch soll dich zu neuen Gedanken anregen und dir neue Handlungsweisen ermöglichen.

Kompromisse? Meide sie! Werde ganz im Denken und im Tun. Vollständig heilen wirst du, sobald du mit jeder Konsequenz vollständig einverstanden bist.

Gottes Liebe lenkt die Erde und seine Gnade bewegt die Menschen in das Himmelreich.

MAHA CHOAN

Gleich, welche Umstände
zum Sterben führen, für einen
Menschen, der ein wahrhaftiges
Leben geführt hat, ist das Sterben
immer eine Gnade.

SANANDA

ERFAHRUNG MEINER UNSTERBLICHKEIT

GESPRÄCH MIT
SANANDA

DIE TRIBUTE VON PANEM
STEHT FÜR EURE ÜBERZEUGUNGEN EIN!

17. SEPTEMBER 2019

DIE TRIBUTE VON PANEM

TRAUM: *Ich bin in einer Arena, diese erinnert mich atmosphärisch ein wenig an den Film „Die Tribute von Panem"*[10]. *Auf einer Bank sitzen wir, in etwa 10 Menschen, die heute sterben sollen. Rund um uns wartet eine euphorisierte Zuschauermenge gespannt darauf, wen es zuerst trifft. Ich werde als Zweiter bestimmt. Dann, kurz bevor sie mich holen, sehe und fühle ich am ganzen Körper, wie es ist zu sterben. Ich sehe, wie ich durch einen Tunnel voller Licht schreite und am anderen Ende des Tunnels wieder neugeboren als Baby herauskomme. Ich gehe als todgeweihter Mann links in den Tunnel hinein, lege dort meinen Körper ab, gehe daraufhin durch ein Licht – eine Lichtdusche – und verlasse rechts den Tunnel mit einem neuen Körper. Der Tunnel ist wie eine durchlichtete Röhre oder eine Licht-Garderobe. Ich spüre es in jeder Zelle und erfahre, dass das Sterben und Geborenwerden gleichzeitig stattfinden – den Tod gibt es einfach nicht – und das Sterben selbst ist ein sehr angenehmer Vorgang. Das Spannende dabei ist aber, dass ich es nicht nur sehe, sondern mit Fleisch und Blut fühle.* ***Sterben und Wiedergeborenwerden sind gleichzeitige Vorgänge und den Tod gibt es nicht!***
(TRAUM ENDE)

Ganz im Bann dieser Erfahrung liege ich mit offenen Augen im Bett.

Den ganzen Tag über tauchen die beeindruckenden Bilder dieses Traumes immer wieder vor meinem geistigen Auge auf. Das Gefühl, wirklich unsterblich zu sein, verankert sich tief in mir und noch vorhandene Ängste vor dem eigenen Sterben lösen sich gänzlich auf.

JJK: Welche Bedeutung hat dieser Traum für mich und für die Menschen, die davon lesen?

SANANDA: ***Gleich, welche Umstände zum Sterben führen, für einen Menschen, der ein wahrhaftiges Leben geführt hat, ist das Sterben immer eine Gnade.***

Das ist die Botschaft des Traumes für dich und für alle Menschen. Es geht darum, alle noch verborgenen Ängste, die mit dem Sterben verbunden sind, abzulegen. Dann ist der Mensch frei – und Freiheit heißt, frei zu denken, frei zu sprechen und frei zu handeln. Solange Menschen schweigen oder nur das sagen, was gesellschaftlich Konsens ist, kann sich auf der Erde nichts verändern.

Das lichte und freie Wort ergreifen können aber nur die, die innerlich frei sind, die vor den Konsequenzen ihrer Rede und den Folgen ihrer Handlungen keine Angst haben.

Wer sein Wort in diesem Geiste erhebt und lichtvolle Taten begeht, der erhält umfassenden Schutz des Himmels. Der Himmel und die Reiche des Lichts bewegen sich mit dir und reagieren auf deine Entscheidungen. Lichtes findet immer großen Widerhall im Universum und doch wagen es nur wenige Menschen, klar, mutig und unerschrocken aufzutreten.

Damit dies möglich wird, gilt es alle Ängste vor dem eigenen Sterben, dem Tod, aufzulösen – und dieser Traum wurde dir demgemäß für dich selbst und für deine Mitmenschen gegeben.

JJK: Die lichten und beseelten Menschen sollen also ihre Deckung verlassen?

STEHT FÜR EURE ÜBERZEUGUNGEN EIN!

SANANDA: Diese Zeit ist wahrlich gekommen!

Steht unüberhörbar für eure Überzeugungen ein. Lasst euer Licht leuchten, indem ihr aussprecht, was unaussprechlich scheint, und indem ihr Handlungen setzt, die eure Mitmenschen überraschen.

JJK: Wer von einer kranken Gesellschaft akzeptiert wird, ist selber krank – oder?

SANANDA: ***Die Heilung der Menschheit kann nur geschehen, wenn geheilte Menschen ihr Wissen zur Verfügung stellen und ihr Licht dafür zur Verfügung stellen.***

Ein jeder Mensch auf seine einmalige Weise, in seiner einmaligen Signatur!

Ihr braucht das Licht nicht länger zu verbergen, denn die Zeit, in der ihr euch erheben sollt, ist gekommen.

Der Wandel ist an einem Punkt angelangt, an dem lichte Menschen sichtbar werden sollen. Die Transformation der Menschheit hat die nächste Stufe erreicht, die Stufe, auf der Angst befreite Menschen durch ihr Licht und ihre Liebe gänzlich neue Tatsachen erschaffen.

Verinnerlicht bitte diese Wahrheit: Jede lichtvolle Veränderung auf der Erde geht von Menschen aus, die sich der Kraft ihres Lichts und der Macht ihrer Liebe bewusst sind. Eigene Gedanken und die unerschrockene Rede sind die ersten Anzeichen dafür, dass dieses Bewusstsein im Menschen erwacht.

Ich segne dich, der du die Treppen in das Licht emporsteigst, um dich selbst zu vollenden und der Menschheit zu dienen.

SANANDA

Gottes Engel behüten den
Pfad des Lichts und jene,
die darauf schreiten.

JESUS CHRISTUS

DU BIST BEHÜTET AUF ALLEN WEGEN

GESPRÄCH MIT
JESUS CHRISTUS

DU BIST BEHÜTET
FREMDE MÄNTEL UND KEINE EINTRITTSKARTEN

19. SEPTEMBER 2019

BERICHT: *Ich wache heute mit sehr starken Kreuzschmerzen auf! Die sind wie aus dem Nichts eingefahren und ich kann mich kaum bewegen, geschweige denn aufrecht gehen! Ich lege mich, wie in solchen Fällen immer, gerade aufs Bett und bitte das göttliche weiße Licht um Heilung. Nach einer guten halben Stunde bessert sich mein Zustand deutlich und ich entscheide mich, einen leichten und kurzen Spaziergang in der wunderschönen Landschaft von Falkenstein zu machen. Hier gibt es wirklich für jede körperliche Verfassung eine Möglichkeit zur Betätigung. Während ich ebene Feldwege entlanggehe, sinniere ich über meine plötzlichen Kreuzschmerzen. Ich frage mich: Wer oder was ist mir da so eingefahren? Warum kann das sein, wenn ich doch immer sehr aufmerksam, zentriert und bei mir selbst bin? Wie ist das bei dem Schutz, den ich immer wieder aufbaue und auch erhalte, möglich? Als ich – das ergründend und über den göttlichen Schutz nachdenkend – so dahingehe, komme ich an einem Bildstock vorbei. Ich bleibe stehen und unter einem Abbild der Mutter Jesu lese ich:* ***„Denn er befiehlt seinen Engeln, dich zu behüten auf all deinen Wegen."*** *Psalm 91,11*

JESUS CHRISTUS: Geliebte Menschen, geliebter Jahn, das ist der Weg des Lebens, der Pfad, an dem euch täglich die Kräftigung des Himmels zuteilwird. Unendlich viele Hinweise und Botschaften warten darauf, von euch gesehen und empfangen zu werden, denn was für Jahn gilt, gilt auch für Dich, geliebter Mensch, der du diesen Zeilen folgst und aus diesem Buch Erbauung und Kraft schöpfst.

DU BIST BEHÜTET

- Du bist behütet auf all deinen Wegen, sobald du dich unter den Schutz Gottes begibst.
- Du bist behütet auf all deinen Wegen, sobald du dein und kein fremdes Leben lebst.
- Du bist behütet auf all deinen Wegen, sobald du gibst, was du hast, und liebst, soweit du kannst.
- Du bist behütet auf all deinen Wegen, sobald du das Licht Gottes in dein Herz gelassen hast, auf das es sich ausbreite und dich ganz erfülle.
- Du bist behütet auf all deinen Wegen, sobald du faule Kompromisse meidest und die Wahrheit in allen Begebenheiten und Menschen suchst.
- Du bist behütet auf all deinen Wegen, sobald du achtsam mit dir selbst und den Mitmenschen umgehst.

Dann bist du behütet auf all deinen Wegen, denn dann entsendet Gott seine Engel zu dir!

Dennoch gibt es Tage, an denen ungebetene und unerwartete Gäste erscheinen.

Plötzlich siehst du dich umlagert von Fremdenergien oder du wirst von negativen Absichten Zweiter oder Dritter belästigt.

FREMDE MÄNTEL UND KEINE EINTRITTSKARTEN

Viele Menschen neigen heute dazu, ihre eigenen unerlösten Themen anderen Menschen – wie einen Mantel – umzuhängen. Dadurch gewinnen sie für eine kurze Zeit Erleichterung, werden aber später umso deutlicher mit diesen – ihren Problemen – konfrontiert.

JJK: Aufgehoben ist nicht aufgeschoben?

JESUS CHRISTUS: ***Nichts lässt sich auf Dauer verbergen oder verdrängen. Es kommt alles an das Licht – alles.***

Dennoch ist es immer wieder der Fall, dass Menschen, die das Licht gewählt haben und ihre eigene Transformation voranbringen, von dunklen Kräften und Mächten behelligt werden. Wisset bitte dies:

Je größer dein Licht, umso attraktiver bist du für jene, die sich daran erbauen wollen, ohne dafür eine Eintrittskarte zu lösen.

Die Eintrittskarte löst ein Mensch dann, wenn er aufrichtig und wahrhaftig nach dem Lichte sucht. Das ist jedoch meist nicht der Fall. Situationen, wie du sie heute und wie sie viele Menschen regelmäßig erfahren, sind immer Übergriffe. Diese Übergriffe gilt es zu erkennen, als solche wahrzunehmen und zu bearbeiten. Denn in einer Zeit, in der sich mächtige, dunkle Energien aus vielen Zeiten entladen, ist dies immer wieder möglich.

Deshalb sorgt dafür, dass ihr euer energetisches Kleid täglich säubert. Dann ist alles getan. Unangemessene Energien müssen weichen, sobald sie eine Berührung mit dem göttlichen Lichte erfahren. Seid euch gewiss:

Gottes Engel behüten den Pfad des Lichts und jene, die darauf schreiten!

Geliebter Mensch,

lege ab die Sorge, lege ab die Furcht. Gehe hin und lebe im Lichte und in der Wahrheit Gottes dein Leben.

Alles andere fällt dir zu, alles andere wird dir vom Himmel gegeben.

Gehe hin und liebe! Du bist die Wahrheit und das Leben, die Liebe und der Weg!

Und Gott mit seinen Engeln ist allezeit mit dir.

JESUS CHRISTUS

BLICKE NICHT ZURÜCK!

MEISTER ST. GERMAIN

Schreite voran,
blicke nicht zurück,
sei, was du bist.

Lebe dein Leben,
blicke nicht zurück,
gib, was du hast.

Verschenke die Freude,
blicke nicht zurück,
empfinde Mitgefühl.

Liebe dich selbst,
blicke nicht zurück,
jetzt heilt dein Herz.

Gib dich Gott hin,
blicke nicht zurück,
lass dich – fallen.

Für alle Menschen – in unendlicher Liebe
MEISTER ST. GERMAIN

LITERATUR- UND QUELLENVERZEICHNIS

1 Warum wir jetzt wegen 5G handeln müssen.
Offizier packt aus.
https://lichtweltverlag.at/2019/04/13/warum-wir-wegen-5g-jetzt-handeln-muessen-offizier-packt-aus/

2 Inner- und außerirdische Nichteinmischung ist aufgehoben! Lichtwelt-Blog, 24. April 2018
https://lichtweltverlag.at/2018/04/24/inner-und-ausserirdische-nichteinmischung-ist-aufgehoben/

3 Die Archonten: Etwa 20% der Nag Hammadi Texte berichten über die Spezies der Archonten. Sie werden als eine nicht-physische Spezies beschrieben, die aber kurzzeitig physische Form annehmen kann. In einem der Nag Hammadi Texte (Apokryphon des Johannes) werden Entführungen von Menschen durch kleine Wesen beschrieben.
Die Ähnlichkeiten zu den „Grauen", wie sie in vielen Science-Fiction-Filmen dargestellt oder wie sie von Menschen beschrieben werden, die eine „Entführung durch Außerirdische" erlebt haben, ist beeindruckend. Wenn man berücksichtigt, dass diese Texte fast 2000 Jahre alt sind, dann scheint nahezuliegen, dass es einen engen Bezug zwischen den Archonten und der Menschheit gibt.
Die Archonten werden als geistige Eindringlinge beschrieben.
Sie sind nicht in der Lage, längere Zeit in unserer materiellen Welt zu überleben, ähnlich wie Menschen nur kurze Zeit unter Wasser überleben können, ohne Luft zu holen. Ihr bevorzugter Zugang zu unserer Realität ist durch den menschlichen Verstand.
Gnostische Texte warnen vor den Archonten und ihren Versuchen, die menschliche Evolution von ihrem Kurs abzubringen.

Hierzu haben sie vor allem zwei Methoden:

1. FEHLER: Menschen machen Fehler, aber Menschen sind nicht gut darin, aus Fehlern zu lernen. Die Archonten sind Experten darin, den Unwillen der Menschheit, aus ihren Fehlern zu lernen, auszunutzen.

2. SIMULATION: Die Archonten sind Experten für virtuelle Realitäten und holografische Projektion - sie können holografische Bilder von jedem existierenden Lebewesen erzeugen, aber diesen Hologrammen fehlt die Vitalität des Originals, sie wirken künstlich.

https://www.matrixwissen.de/index.php?option=com_content&view=article&id=237:gnosticism-and-the-archons&catid=141:gnostik&lang=de&Itemid=121

4 Telos – Willkommen in Agartha, Lichtweltverlag 2014

5 Falun Gong ist eine Qigong-Disziplin, die langsame Übungen und eine Meditation mit einer Moralphilosophie verbindet, die auf den Grundsätzen Wahrhaftigkeit, Gutherzigkeit und Nachsicht aufgebaut ist. https://de.wikipedia.org/wiki/Verfolgung_von_Falun_Gong

6 Die Gnosis (von griech. γνῶσις, gnōsis, „[Er-]Kenntnis"), oft auch als Gnostizismus oder Gnostik bezeichnet, ist eine sehr heterogene synkretistische, weitgehend esoterisch gehaltene, weltabgewandte geistige Strömung, die ihre Blütezeit in der spätantiken Welt des 2. und 3. Jahrhunderts n. Chr. hatte und das alte Mysterienwissen mit dem philosophischen Denken der Antike und vielfach auch mit christlichem Gedankengut zu verbinden suchte. Rudolf Steiner nennt die Gnosis als eine der sieben Weltanschauungsstimmungen und ordnet sie der Saturnsphäre zu.

7 Die Bücher „Anastasia" von Wladimir Megre führen uns an unseren Ursprung zurück. Was wir vergessen haben, kann erinnert werden.
Wie der Mensch als Schöpfer und Hüter der Erde auftreten soll und wie tief unsere Anbindung an die Natur, die Tierwesen und an Gott sein kann, wird

in diesen wunderbaren Büchern, vermittelt. Ich kann jedem Leser alle 10 Bände wärmstens empfehlen und ans Herz legen. (Anm. JJK)

8 Thalus von Athos, 9 Bücher, „Ein Augenzeuge berichtet über eine Zivilisation im Inneren der Erde", Alf Jasinski, Christa Laib-Jasinski. Auch diese Bücher mit meinen besten Empfehlungen. (Anm. JJK) https://grashuette.net/

9 Das Erbe aus Atlantis im Lichtweltverlag: CB5 Bergkristall-Energetisierungsscheibe (Energetisierung von Flüssigkeiten)
CB9 (Schutz vor schädlicher Strahlung – als Anhänger, als Armband, auf Holz und als Download),
CB13 (Kräftigung des ICH-BIN als Armband, auf Holz und als Download). Jedes Symbol steht für sich selbst. Alle Symbole können je nach Bedarf gemeinsam verwendet (getragen, aufgestellt, im Wasserkrug) werden.

10 Die Tribute von Panem spielen in einer nicht näher definierten Zukunft, nachdem Nordamerika durch Kriege und auch Naturkatastrophen größtenteils zerstört worden war. Aus den Trümmern entstand die diktatorische Nation Panem, die ursprünglich aus dem regierenden reichen Kapitol und 13 umliegenden ärmeren Distrikten bestand. Der Name des Landes Panem leitet sich vom Ausspruch panem et circenses (lat. ‚Brot und Spiele') des römischen Dichters Juvenal ab. Mit Brot und Spielen sollten die Römer davon abgehalten werden, gegen den Staat aufzubegehren.
Schließlich kam es in Panem wegen der immer größeren Ausbeutung der Menschen zu einem Aufstand der Distriktbewohner gegen das Kapitol. Dieser wurde jedoch niedergeschlagen, wobei Distrikt 13 den Verlautbarungen der Regierung nach vollständig vernichtet wurde. Als Mahnung für die Distrikte führten die Herrschenden die sogenannten Hungerspiele (siehe nächste Seite) ein.

Diese sollen die Distrikte einschüchtern und daran erinnern, dass sie der Macht der Regierung schutzlos ausgeliefert sind. (...)
Hungerspiele: Jedes Jahr werden aus jedem der zwölf Distrikte ein Mädchen und ein Junge im Alter zwischen 12 und 18 Jahren ausgelost, die sogenannten Tribute, die sich in einer Freilichtarena bis auf den Tod bekämpfen müssen, bis nur noch ein Tribut übrig ist. Die Spiele werden im Fernsehen und auf Leinwänden in ganz Panem übertragen und die Bewohner der Distrikte werden gezwungen, die Hungerspiele als Fest zu feiern. (Wikipedia) https://de.wikipedia.org/wiki/Die_Tribute_von_Panem

PUBLIKATIONEN JAHN J KASSL

DU BIST BEHÜTET
Lichtweltverlag, gebundene Ausgabe (2019)

LICHTSPUR IN DAS GOLDENE ZEITALTER
Lichtweltverlag, gebundene Ausgabe (2019)

SPRACHE DER SEELE - 13 SCHLÜSSEL DES LEBENS
Lichtweltverlag, gebundene Ausgabe (2019), eBook (2011)

WANDEL DER HERZEN
Lichtweltverlag, gebundene Ausgabe (2018)

ATMAR - JENSEITS ALLER KONZEPTE
Lichtweltverlag, gebundene Ausgabe (2018)

KURS ZUR FREIHEIT - BABAJI
Lichtweltverlag, gebundene Ausgabe (2018), eBook (2012)

IM ZEICHEN DES WANDELS
Lichtweltverlag, gebundene Ausgabe (2018)

JETZT BIST DU DA - TAGEBUCH EINES ERWACHENS. GESPRÄCHE MIT JESUS SANANDA
Lichtweltverlag, gebundene Ausgabe (2017)

KURS IM KREIEREN - PAUL DER VENEZIANER
Lichtweltverlag, gebundene Ausgabe (2017), eBook (2012)

DIE ERDE WIRD NICHT ZERSTÖRT!
Lichtweltverlag, gebundene Ausgabe (2017)

30 TORE ZUR ERLEUCHTUNG
Lichtweltverlag, gebundene Ausgabe (2017), eBook (2012)

ES WIRD STILL AUF DIESER WELT
Lichtweltverlag, gebundene Ausgabe (2016)

DIE JESUS BIOGRAFIE - TEIL I
Lichtweltverlag, gebundene Ausgabe 3. Auflage (2015), eBook (2010)

DIE GROSSE ZEIT IST GEKOMMEN
Lichtweltverlag, gebundene Ausgabe (2015)

KRISTALLWÜRFEL DES AUFSTIEGS - MIT ARBEITSBUCH
Lichtweltverlag, Sondereinband (2015)

LICHT I - HEILUNG DURCH GOTT
Lichtweltverlag, gebundene Ausgabe 2. Auflage (2018), eBook (2011)

ELIJA PROPHEZEIUNGEN 49 - 65,
FÜR ALLE 4D-WELTEN BIS IN DAS JAHR 3000
Lichtweltverlag, eBook (2014)

TELOS, WILLKOMMEN IN AGARTHA
Lichtweltverlag, gebundene Ausgabe (2014), eBook (2015)

LEBEN, BAND I
Lichtweltverlag, gebundene Ausgabe (2013), eBook (2014)

ELIJA PROPHEZEIUNGEN 1-48
Lichtweltverlag, eBook (2013)

TROMMELSCHLAG DES SCHÖPFERS
Lichtweltverlag, eBook (2013)

OFFENBARUNGEN SANANDA - TEIL II
Lichtweltverlag, eBook (2012)

DER LICHTNAHRUNGSPROZESS - GRENZERFAHRUNG
IN 21 TAGEN
Lichtweltverlag, eBook (2011)

OFFENBARUNGEN SANANDA – TEIL I
Lichtweltverlag, eBook (2010)

DIE JESUS BIOGRAFIE – TEIL II
Lichtweltverlag, gebundene Ausgabe (2011), eBook (2010)

2026 OFFENBARUNGEN GOTTES
Lichtweltverlag, gebundene Ausgabe (2011), eBook (2010)

LICHT II
Lichtweltverlag, gebundene Ausgabe (2009), eBook (2010)

Alle Titel erhältlich im Lichtweltverlag – www.lichtweltverlag.at